JN440876

공부 잘하는 아이는 이렇게 만들어 집니다

학원 원장이라면 읽어야 할 단 한권

공부 잘하는 아이는 이렇게 만들어 집니다

2026년 1월 초판

지은이 허진혁

펴낸이 허진혁

디자인 허진혁

이메일 dokki1@naver.com

Web.S https://wpa.co.kr

ISBN

ⓒ 허진혁, 2026

공부 잘하는 아이는 이렇게 만들어집니다

허진혁 지음

목차

공부 잘하는 아이는 처음부터 달랐던 게 아니라, 부모의 선택이 달랐습니다

아이를 위해 최선을 다했는데, 왜 점점 불안해질까요

아마 이 책을 집어 든 부모라면, 한 번쯤은 이런 생각을 해보셨을 겁니다.

"나는 정말 최선을 다했는데, 왜 마음이 편해지지 않을까."

저 역시 같은 질문을 수없이 되뇌어온 부모입니다.

중학교 1학년, 초등학교 4학년, 초등학교 2학년.

세 아이를 키우는 아빠로서, 저는 매일 아이들의 하루를 가장 가까이에서 바라보며 이 질문을 품고 살아왔습니다.

아이를 위해 할 수 있는 건 다 했다고 생각했습니다.

학원도 알아봤고, 주변에서 좋다는 정보도 모아봤고, 남들보다 늦지 않게 준비시키려 애썼습니다. 아이가 힘들어할까 봐 대신 걱정했고,

실패하지 않게 하려고 앞에서 길을 치워주기도 했습니다.
그런데 이상하게도, 그렇게 애썼는데도 마음은 점점 더 불안해졌습니다.
'이렇게까지 했는데도, 안 되면 어떡하지.'

이 불안은 성적이 나쁘기 때문만은 아니었습니다.
오히려 성적이 나쁘지 않은데도 사라지지 않는 불안이 더 컸습니다.
아이가 열심히 하는 것처럼 보일 때도, 학원에 잘 다니고 있을 때도, 숙제를 빠뜨리지 않을 때조차 마음 한켠은 늘 무거웠습니다.
왜일까요?
부모는 본능적으로 알고 있기 때문입니다. 지금 이 아이의 공부가, 과연 오래 갈 수 있는 구조인지 아닌지를 말입니다.

세 아이를 키우며 저는 더 또렷하게 느꼈습니다.
아이마다 성향도 다르고, 속도도 다르고, 반응도 다르지만 부모의 불안은 늘 같은 자리에서 시작된다는 것을 말입니다.
"이 아이가 지금 잘 가고 있는 걸까."
"내가 잘하고 있는 걸까."
그래서 많은 부모가 이 불안을 애써 눌러두며 말합니다.
"그래도 지금은 괜찮아."
"다들 이렇게 하잖아."
"조금만 더 버티면 좋아지겠지."

저 역시 그렇게 말해왔습니다. 하지만 불안은 사라지지 않았습니다. 왜냐하면 이 불안의 정체는 '성적'이 아니라 확신의 부재였기 때문입니다.

지금 가고 있는 이 길이 맞다는 확신, 아이가 넘어져도 다시 일어날 수 있다는 확신, 부모가 곁에 없어도 아이 스스로 공부를 붙잡을 수 있다는 확신이 없을 때, 불안은 계속 따라옵니다.

이 책은 바로 그 불안에서 시작되었습니다. 저는 오랫동안 아이들을 가르쳤고, 부모를 상담해왔습니다.

하지만 이 책을 쓰게 된 가장 결정적인 이유는, 전문가이기 이전에 부모였기 때문입니다.

성적이 오르는 아이도, 무너지는 아이도, 다시 살아나는 아이도 현장에서 수없이 보았지만, 집에 돌아오면 저 역시 똑같이 흔들리는 아빠였습니다.

그리고 시간이 흐르며 분명해진 사실이 하나 있습니다.

아이를 바꾼 결정적 순간은, 아이가 더 열심히 공부하기 시작했을 때가 아니라 부모의 기준이 바뀌었을 때였습니다.

공부가 되는 아이와 무너지는 아이의 차이는 생각보다 극적이지 않습니다.

아주 사소한 순간의 선택, 아주 짧은 말 한마디, 아주 작은 기준의 차이가 쌓여 몇 년 뒤 완전히 다른 결과를 만들어냅니다.

문제는 이 차이가 하루하루 눈에 띄지 않는다는 데 있습니다.

그래서 부모는 자신도 모르는 사이, 아이를 살리고 싶다는 마음으로 아이를 지치게 만들기도 합니다.

이 책을 쓰며 가장 많이 떠올린 장면이 있습니다. 아이보다 더 지친 얼굴로 상담실에 들어오는 부모의 모습, 그리고 거울처럼 그 모습이 겹쳐 보이던 제 자신의 모습입니다.

"이렇게까지 하는데 왜 안 될까요?"
"도대체 뭘 더 해야 하나요?"

이 질문 속에는 책망도, 포기도 없습니다. 오직 잘해주고 싶은 마음만 있습니다.
그래서 이 책은 부모를 탓하기 위해 쓰이지 않았습니다.
오히려 그 마음을 가장 먼저 이해하는 데서 출발합니다.
하지만 동시에, 이 책은 조금 불편할 수도 있습니다. 왜냐하면 이 책은 아이의 문제를 먼저 묻지 않기 때문입니다. 대신 이렇게 묻습니다.

"지금 이 공부는, 누구의 불안을 달래기 위한 공부인가."

부모의 불안을 달래기 위한 공부는 아이를 빠르게 지치게 만듭니다.
아이의 삶을 준비시키는 공부는 시간이 걸리지만, 아이를 단단하게 만듭니다.
이 두 길은 출발점에서는 거의 구분되지 않지만, 시간이 지날수록 전혀 다른 방향으로 아이를 데려갑니다.

이 책은 빠른 성적을 약속하지 않습니다. 특별한 공부법을 앞세우지도 않습니다. 대신 아이가 끝까지 갈 수 있는 구조를 이야기합니다. 흔들려도 돌아올 수 있는 힘, 실패해도 다시 설 수 있는 기준,

부모가 곁에 없을 때도 아이를 붙잡아 줄 내면의 축을 어떻게 만들어야 하는지를 하나씩 짚어갑니다.

이 책을 읽는 동안, 부모는 몇 번 불편해질지도 모릅니다.

"내가 너무 개입했던 건 아닐까."

"내 불안이 아이에게 전해졌던 건 아닐까."

하지만 이 불편함은 잘못해서 생기는 감정이 아닙니다. 변화가 시작될 때 반드시 지나야 하는 감정입니다.

부모가 바뀌면, 아이는 반드시 달라집니다. 이 말은 희망이 아니라, 현장에서 그리고 제 삶에서 수없이 확인된 사실입니다.

아이를 바꾸기 전에, 공부법을 바꾸기 전에, 학원을 바꾸기 전에 부모의 기준부터 점검해야 하는 이유가 바로 여기에 있습니다.

이 책의 마지막 페이지를 덮을 때, 부모가 아이에게 해줄 수 있는 말이 하나 생기기를 바랍니다.

"잘해도 괜찮고, 못해도 괜찮아.

하지만 끝까지 가는 건 포기하지 말자.

그건 내가 끝까지 지켜줄게."

세 아이의 아빠로서, 그리고 같은 불안을 안고 살아가는 부모로서 이 말을 아이에게 해줄 수 있게 된다면, 이 책은 이미 제 역할을 다한 것입니다.

Part. 1

● ● ● ● ●

공부 잘하는 아이는 '머리'가 아니라 '환경'에서 만들어집니다

부모가 아이의 공부를 이야기할 때, 거의 예외 없이 등장하는 단어가 있습니다.
그 단어는 아이를 설명하는 말처럼 보이지만, 사실은 부모 자신을 스스로 보호하기 위한 말에 가깝습니다.

"우리 아이는 머리가 안 좋은 것 같아요."
"공부 체질이 아닌 것 같아요."
"이해력이 느린 편이에요."

이 말은 너무 흔해서 문제처럼 느껴지지 않습니다. 하지만 저는 현장에서 이 말을 들을 때마다 위기감을 느낍니다. 이 말 한마디가 아이의 가능성을 얼마나 빠르게 닫아버리는지, 그리고 부모가 선택할 수 있는 모든 방향을 얼마나 단순하게 축소해 버리는지를 수없이 보아왔기 때문입니다.

공부 잘하는 아이는 처음부터 정해져 있지 않습니다.
그리고 공부를 못하는 아이 역시 처음부터 결정된 존재가 아닙니다.

그런데도 부모가 '머리'라는 단어를 꺼내는 순간, 아이의 공부는 더는 설계의 대상이 아니라 타고난 조건의 문제가 됩니다. 노력의 문제도, 환경의 문제도, 선택의 문제도 아닌, 이미 정해진 한계의 문제로 바뀌어 버립니다. 이 순간부터 부모의 태도는 미묘하게 달라집니다. 아이를 바꾸려는 시도는 줄어들고, 환경을 점검하려는 노력은 사라지며, "얘는 원래 이 정도야"라는 체념이 자리를 잡기 시작합니다.

이 체념이야말로 아이의 공부를 가장 빠르게 무너뜨리는

시작점입니다.

제가 이 책의 첫 장에서 '환경'을 이야기하는 이유는 단순합니다. 수많은 아이를 지켜보며 확신하게 된 사실이 있기 때문입니다. 끝까지 가는 아이는 예외 없이 환경이 달랐습니다. 머리가 아니라, 환경이 아이를 만들었습니다.

공부 잘하는 아이에게는 공통된 집의 분위기가 있습니다

공부는 책상에서 시작되지 않습니다

부모들은 아이의 공부를 이야기할 때 자연스럽게 책상과 문제집, 학원과 학교를 떠올립니다. 공부는 앉아서 하는 일이고, 성적은 가르침을 통해 만들어진다고 믿기 때문입니다.
그래서 집은 공부의 중심이 아니라 잠시 쉬는 공간, 혹은 학습을 보조하는 주변 환경 정도로 여겨지는 경우가 많습니다. 아이가 책상에 앉아 있는 시간만 관리하면 공부는 충분히 따라올 것으로 생각합니다.

그러나 현장에서 아이들의 성적 변화와 학습 태도를 오랫동안 지켜본 사람으로서 저는 이 생각이 얼마나 많은 아이의 공부를 놓치게 만드는지 수없이 확인해 왔습니다. 공부는 책상에서 시작되지 않습니다. 공부는 아이가 하루를 마치고 집에 들어오는 순간부터 이미 시작됩니다.
그리고 그 시작점에서 가장 강력하게 작용하는 것이 바로 집의 분위기입니다.

집의 분위기는 공부를 돕는 여러 요소 중 하나가 아닙니다. 그것은 공부의 결과를 좌우하는 배경이며, 아이의 학습 태도를 결정짓는 토양입니다. 같은 아이가 같은 수업을 듣고 같은 문제집을 풀어도, 집의 분위기에 따라 공부는 전혀 다른 방향으로 흘러갑니다. 이 차이는 시간이 지날수록 더 분명해집니다.

아이는 집에 들어오는 순간
공기를 읽습니다

아이가 현관문을 열고 집에 들어오는 순간을 떠올려 보십시오. 그 짧은 시간 동안 아이는 생각보다 많은 것을 감지합니다. 부모의 표정은 어떤지, 첫마디는 무엇인지, 혹은 아무 말도 하지 않는 침묵이 흐르는지까지, 아이는 집 안의 공기를 거의 본능적으로 읽어냅니다.
오늘은 편하게 있어도 되는 날인지, 괜히 눈치를 봐야 하는 날인지, 아니면 조심스럽게 행동해야 하는 날인지를 아이는 설명 없이도 알아차립니다.

이 과정은 아이가 의식적으로 판단하는 일이 아닙니다. 그러나 몸은 정확하게 반응합니다. 긴장이 풀리기도 하고, 이유 없이 몸이 굳기도 하며, 말수가 줄어들거나 괜히 방으로 들어가 문을 닫아버리기도 합니다. 그리고 이런 반응이 반복되면서 집은 아이에게 하나의 명확한 메시지를 전달하게 됩니다.

이 공간에서는 공부해도 되는지, 공부가 부담되는지, 아니면 공부 자체를 피하고 싶어지는지를 말입니다.

아이에게 집은 단순한 생활 공간이 아닙니다. 집은 공부를 대하는 태도를 배우는 공간입니다. 공부가 자연스러운 일인지, 늘 긴장을 동반하는 일인지, 아니면 실수하면 안 되는 위험한 일인지를 아이는 집 안의 공기를 통해 배웁니다.

이 경험은 생각보다 훨씬 오래 남고, 아이의 학습 태도를 뿌리부터 바꿔 놓습니다.

공부가 되는 집은 아이의 자리가 흔들리지 않습니다

공부 잘하는 아이가 자라는 집은 겉으로 보기에 특별하지 않은 경우가 많습니다. 항상 조용하지도 않고, 부모가 늘 책을 읽고 있지도 않으며, 규칙이 지나치게 엄격하지도 않습니다. 그러나 이런 집들에는 분명한 공통점이 있습니다. 공부가 아이의 자리를 위협하지 않는다는 점입니다.

성적이 잘 나왔을 때 아이가 갑자기 더 사랑받는 존재가 되지 않고, 성적이 떨어졌을 때 아이가 문제아처럼 취급받지 않습니다. 아이의 존재와 성적이 분리되어 있어서, 아이는 집 안에서 비교적 안정된 상태를 유지합니다. 이 안정감은 아이를 느슨하게 만들지 않습니다. 오히려 공부를 끝까지 버티는 힘이 됩니다.

아이는 이 집에서 공부를 '해야만 하는 일'로 느끼기보다 '해볼 수 있는 일'로 받아들입니다. 잘해도 괜찮고, 못해도 다시 시도할 수 있다는 감각이 있으므로 공부 앞에서 쉽게 무너지지 않습니다. 실패해도 집이라는 공간이 자신을 보호해 준다는 확신이 아이를 다시 책상 앞으로 돌아오게 만듭니다.

공부가 무너지는 집은 시험 앞에서
분위기가 달라집니다

반대로 공부가 무너지는 집의 분위기는 놀라울 만큼 비슷한 패턴을 보입니다. 평소에는 큰 문제가 없어 보이다가도 시험이 다가오면 집 안의 공기가 달라집니다. 말수가 많아지거나, 반대로 필요 이상으로 조용해집니다. 부모는 아이에게 부담을 주지 않기 위해 아무 말도 하지 않았다고 말하지만, 아이는 그 침묵이 무엇을 의미하는지 정확히 압니다.

그리고 시험 결과가 나오는 순간, 집의 분위기는 결정적으로 변합니다. 부모의 표정이 굳어지고, 말투가 날카로워지며, 사소한 일에도 예민해집니다. 이때 아이는 공부를 학습의 문제로 받아들이지 않습니다. 집 안의 긴장을 조절하기 위한 수단으로 받아들이기 시작합니다. 이번에 잘

봐야 집이 편해지고, 망치면 집이 불편해진다는 생각이 자연스럽게 자리 잡습니다.

이 생각이 반복되면 공부는 아이에게 결코 편안한 일이 될 수 없습니다. 공부는 실력을 키우는 과정이 아니라, 집 안의 공기를 관리하기 위한 도구가 됩니다.

이 환경에서 자란 아이들은 공부하면서도 끊임없이 눈치를 봅니다. 틀린 문제를 다시 풀기보다 부모의 반응을 먼저 계산하고, 모르는 문제를 질문하기보다 괜히 드러날까 봐 조용히 넘어갑니다.

실수가 안전하지 않은 공간에서는 공부가 자라지 않습니다

부모는 종종 묻습니다. 왜 질문을 하지 않느냐고, 왜 오답 정리를 하지 않느냐고 말입니다. 그러나 아이에게는 이미 분명한 이유가 있습니다. 이 집에서는 실수가 안전하지 않기 때문입니다. 공부는 본질에서 실수 위에 쌓이는 과정입니다. 실수가 허용되지 않는 공간에서 공부가 깊어질 수는 없습니다.

공부가 되는 집의 분위기는 아이를 방치하지도 않고, 지나치게 관리하지도 않습니다. 이 집의 부모는 아이의 상태를 유심히 살피며 언제 도와야 하고 언제 물러나야 하는지를 경험을 통해 알고 있습니다.

무엇보다 중요한 점은 부모 스스로가 성적 앞에서 쉽게 흔들리지 않는다는 것입니다. 아이의 성적이 오르내려도 부모의 기준이 크게 흔들리지 않기 때문에, 아이는 불필요한 감정 소모 없이 학습에 에너지를 사용할 수 있습니다.

제가 학원을 운영하며 아이들을 처음 만났을 때 가장 먼저 느끼는 차이 역시 바로 이 지점에서 드러납니다. 비슷한 실력, 비슷한 수업, 비슷한 학습량임에도 어떤 아이는 질문을 숨기지 않고, 어떤 아이는 끝내 말을 꺼내지 못합니다.

이 차이를 따라가 보면 결국 집으로 돌아옵니다. 공부가 되는 집의 아이들은 틀린 문제를 들고 와도 두려움이 크지 않습니다. 이미 집에서 자신의 자리가 안전하다는 경험을 충분히 했기 때문입니다.

마무리하며

많은 부모가 집에서는 공부 이야기를 거의 하지 않는다고 말합니다. 아이에게 부담을 주고 싶지 않아서라고 합니다. 그러나 중요한 것은 공부 이야기를 하느냐 마느냐가 아닙니다. 집이 공부를 어떤 태도로 대하고 있는가입니다.

공부 이야기를 하지 않아도 성적이 나오면 분위기가 달라지는 집이라면, 그 집은 이미 공부에 깊이 개입된 집입니다. 반대로 공부 이야기를 하더라도 아이의 자리가 흔들리지 않는 집이라면, 그 집에서는 공부가 안정적으로 작동합니다.

집의 분위기는 하루아침에 만들어지지 않습니다. 매번의 반응, 매번의 표정, 작은 말 한마디와 아무 말 하지 않은 침묵까지, 이 모든 것이 쌓여 하나의 공기가 됩니다. 부모는 그 공기 속에서 아이를 키운다고 생각하지만, 실제로는 그 공기가 아이의 공부를 키우고 있습니다. 그래서 저는 부모에게 이렇게 말합니다.

아이의 공부를 바꾸고 싶다면 문제집을 바꾸기 전에 집의 분위기부터 점검하십시오. 아이의 태도를 바꾸고 싶다면 훈계를 늘리기 전에 부모의 반응부터 정리하십시오.

공부는 집에서 시작되고, 집에서 유지되며, 집에서 무너집니다. 공부 잘하는 아이에게 특별한 집이 있는 것이 아닙니다. 공부가 무너지지 않는 분위기가 있을 뿐입니다. 다음 장에서는 이 집의 분위기를 가장 직접적으로 흔드는 요소, 바로 부모의 말을 다루겠습니다. 같은 말이 어떤 아이에게는 포기가 되고, 어떤 아이에게는 다시 시작할 힘이 되는 이유를 현장에서 본 그대로 풀어보겠습니다.

●●●●●

성적을 망치는 부모의 말, 성적을 살리는 부모의 말

부모의 말은 조언이 아니라 아이가 자신을 해석하는 기준이 됩니다

부모는 하루에도 수십 번 아이에게 말을 건넵니다. 공부에 관한 말도 있고, 생활에 관한 말도 있으며, 특별한 의도 없이 흘려보낸 말도 있습니다. 그러나 아이에게 부모의 말은 절대 가볍지 않습니다. 아이에게 부모의 말은 조언이기 이전에 기준이고, 지적이기 이전에 평가이며, 한 번 던져지고 나면 오랫동안 마음속에 남아, 아이 자신을 설명하는 언어가 됩니다.

그래서 저는 아이의 성적을 이야기할 때 공부 시간이나 학습량보다 먼저 부모의 말을 떠올립니다. 아이의 공부는 교재나 수업의 결과이기 이전에,

부모의 말이 쌓여 만들어진 결과인 경우가 생각보다 훨씬 많기 때문입니다.

부모들은 흔히 이렇게 말합니다. 좋은 말만 하려고 한다고, 아이 기분 상하게 하려는 말은 하지 않는다고, 그래도 부모니까 현실적인 이야기는 해줘야 하지 않겠느냐고 말입니다.

그러나 현장에서 수없이 확인한 사실은 분명합니다. 아이의 성적을 망치는 말 대부분은 나쁜 의도에서 나오지 않습니다. 걱정해서, 불안해서, 아이를 놓치지 않기 위해서 나온 말들입니다. 아이를 위하는 마음에서 시작된 말들이지만, 그 말들이 반복되는 과정에서 아이의 공부는 서서히 무너집니다.

성적을 망치는 말은 아이의 행동이 아니라 아이 자체를 규정합니다

성적을 망치는 부모의 말에는 공통된 특징이 있습니다. 그 말은 특정 행동을 지적하는 것처럼 보이지만, 실제로는 아이 자체를 규정합니다. "이번에 준비가 부족했구나"라는 말은 상황에 대한 평가로 끝나지만, "너는 항상 준비가 부족해"라는 말은 아이의 정체성을 건드립니다. "이 문제는 실수했네"라는 말은 수정의 여지를 남기지만, "너는 왜 이렇게 실수가 잦아?"라는 말은 아이를 하나의 유형으로 묶어버립니다.

부모는 패턴을 짚었다고 생각하지만, 아이에게 이 말은 자기 자신에 대한 정의로 남습니다. 그리고 아이는 자기 자신을 부정하는 상태에서는 절대 오래 공부하지 못합니다. 아이는 부모의 말을 그 자리에서 모두 이해하지는 않습니다.

그러나 마음속에는 분명한 문장이 남습니다. 나는 원래 이런 아이야, 아무리 해도 이 정도야, 잘해봤자 또 실망하게 할 거야. 이 생각이 자리 잡는 순간, 공부는 이제는 노력으로 극복할 수 있는 과제가 아니라 피해야 할 부담으로 변합니다.

이 말들에는 거의 빠짐없이 비교가 섞여 있습니다. 다른 애들은 다 하는데, 쟤는 저렇게 하는데, 형은 이 정도는 혼자 했다는 말들입니다. 부모는 아이에게 자극을 주기 위해, 경쟁심을 불러일으키기 위해 이 말을 꺼냅니다.

그러나 아이에게 비교는 경쟁심을 만들어주지 않습니다. 오히려 자기 자리를 잃게 만듭니다. 비교를 반복해서 들은 아이는 이기려고 하지 않습니다. 도망치려고 합니다. 공부는 도망치는 순간 끝입니다. 실패해도 다시 도전하는 아이는 결국 성적을 만듭니다. 하지만 비교 속에서 자기 가치를 잃은 아이는 아예 판 위에 올라오지 않습니다.

공부를 무너뜨리는 말은
언제나 가장 지친 순간에 던져집니다

부모의 말이 아이의 공부를 망치는 또 하나의 방식은 타이밍입니다.

시험이 끝난 직후, 아이가 가장 지쳐 있고 가장 예민해진 순간에 부모는 말합니다. 그래서 내가 뭐라고 했어, 이럴 줄 알았다, 다음부터는 제대로 하라는 말들입니다.

부모는 조언했다고 생각하지만, 아이에게 이 순간은 이미 판결이 끝난 시간입니다. 이때 던져진 말은 아이에게 이렇게 남습니다. 나는 실패한 상태로만 평가받는구나.

이 경험이 반복되면 아이는 결과를 숨기기 시작합니다. 시험지를 늦게 내밀고, 성적 이야기를 피하며, 공부를 혼자서만 처리하려 합니다. 공부는 이제는 부모와 함께 점검할 수 있는 과정이 아니라, 들키지 말아야 할 결과가 됩니다. 이 순간부터 공부는 아이에게 성장의 도구가 아니라 관계를 피하기 위한 방패가 됩니다. 그리고 이런 공부는 결코 오래가지 못합니다.

성적을 살리는 말은 아이를 고치지 않고 아이 옆에 섭니다

반대로 성적을 살리는 부모의 말은 아주 화려하지 않습니다. 아이를 끌어당기지도 않고, 억지로 밀어붙이지도 않습니다. 그 말은 조용히 아이 옆에 서 있습니다. 성적을 살리는 말의 첫 번째 기준은 사람을 말하지 않고 상황을 말한다는 점입니다. "너는 왜 이래?"가 아니라 "이번엔 여기서 막혔구나"라고 말하고, "너는 집중력이 없어"가 아니라 "이 문제는 집중하기 쉽지 않았겠다"라고 말합니다. 이 차이는 작아 보이지만, 아이에게는 결정적인 차이를 만듭니다. 상황을 말해주면 아이에게는 고칠 여지가 남지만, 사람을 말해버리면 아이에게는 도망칠 길만 남습니다.

두 번째 기준은 해결보다 이해를 먼저 둔다는 점입니다. 부모는 정답을 먼저 말해주고 싶어 합니다. 이렇게 했어야지, 왜 그때 이 생각을 못했느냐는 말이 쉽게 나옵니다.

그러나 아이에게 필요한 것은 정답이 아니라 이해받고 있다는 감각입니다. 이 부분이 헷갈렸겠구나, 여기서 실수한 이유는 이해된다는 말을 들은 아이는 문제를 덮지 않습니다. 다시 들고 돌아옵니다. 공부를 계속하는 힘은 정답이 아니라, 이해받고 있다는 경험에서 나옵니다.

마지막 기준은 말의 방향이 과거가 아니라 다음을 향하고 있다는 점입니다. 성적을 망치는 말은 언제나 과거를 파고듭니다. 왜 그때 안 했느냐, 그때 말 안 듣지 않았느냐는 말입니다.

반면 성적을 살리는 말은 다음을 봅니다. 다음엔 뭐부터 바꿔볼까, 이번 경험에서 하나만 고른다면 무엇이겠느냐는 질문입니다. 이 질문은 아이를 심문하지 않습니다. 아이를 참여자로 만듭니다.

부모의 말 한마디는 아이에게 무기일 수도 있고 짐일 수도 있습니다. 부모가 던진 말이 아이의 손에 쥐어지는 순간, 그 말은 아이의 사고를 끌고 갑니다. 그래서 저는 부모에게 이렇게 말합니다. 말을 줄이기 전에 방향부터 바꾸십시오. 조언을 하기 전에 규정부터 멈추십시오. 아이를 움직이려 하기 전에 아이 옆에 서십시오.

부모의 말이 바뀌는 순간, 아이의 공부 태도는 생각보다 빠르게 바뀝니다. 왜냐하면 아이에게 부모의 말은 가장 오래 남는 환경이기 때문입니다.

● ● ● ● ●

아이의 공부를 망치는 사소한 습관들

공부를 무너뜨리는 것은 큰 사건이 아니라 매일 반복되는 일상입니다

아이의 공부가 무너질 때 부모들은 대개 아주 큰 원인을 찾으려고 합니다. 학원이 맞지 않았던 것은 아닐지, 선행이 과했던 것은 아닐지, 스마트폰 노출이 너무 많았던 것은 아닐지, 혹은 친구 관계에 문제가 생긴 것은 아닐지와 같은 질문들입니다.

이런 고민은 매우 자연스럽고, 실제로 공부에 영향을 주는 요인들이기도 합니다. 그러나 제가 현장에서 수많은 아이의 성적 변화와 학습 태도를 지켜보며 확신하게 된 사실은, 아이의 공부를 가장 깊게 망가뜨리는 원인은 대개 그렇게 크고 극적인 사건이 아니라는 점입니다.

공부를 무너뜨리는 가장 강력한 요인은 부모와 아이 모두 문제라고 인식하지 못한 채 매일 반복되고 있던 사소한 습관 들입니다. 너무 익숙해서 점검조차 하지 않았고, 늘 그래 왔기 때문에 당연하게 받아들였던 반응과 생활 방식들이 쌓여 아이의 공부를 서서히, 그러나 확실하게 무너뜨립니다.

이 습관들은 단기간에 성적을 떨어뜨리지 않기 때문에 처음에는 문제로 보이지 않습니다. 하지만 어느 순간부터 아이는 예전처럼 공부를 버티지 못하고, 집중 시간은 눈에 띄게 짧아지며, 작은 실패에도 쉽게 흔들리기 시작합니다. 그리고 그제야 부모는 묻게 됩니다. 예전엔 잘했는데, 왜 이렇게 됐을까요.

아이 자신도 그 이유를 정확히 설명하지 못하는 경우가 많습니다. 왜냐하면 그 원인은 특정 사건이 아니라, 오랜 시간에 걸쳐 형성된 생활의 방향과 반응의 누적이기 때문입니다.

공부가 일상에 자리 잡지 못한 생활 리듬은 아이를 쉽게 지치게 만듭니다

제가 학원을 운영하며 가장 자주 마주치는 장면 중 하나는, 아이가 특별히 게으르거나 무능해 보이지 않는데도 공부를 점점 피하려는 모습을 보일 때입니다. 설명을 들으면 이해하고, 문제를 풀면 전혀 못 푸는 것도 아닌데, 막상 책상 앞에 오래 앉아 있지 못하고 조금만 막히면 쉽게 포기해버리는 태도를 보입니다. 이런 아이들에게 의지가 약하다거나 노력이 부족하다고 말하는 것은 문제를 해결하는 방식이 아닙니다.
실제로 이 아이들의 상당수는 의지가 약해서가 아니라, 공부를 지속하기 어려운 생활 리듬 속에서 너무 오래 살아왔을 뿐입니다.

가장 흔하게 나타나는 첫 번째 습관은 공부가 일상 속에 자연스럽게 자리 잡지 못하고 특정 시기에만 몰아서 이루어지는 생활 방식입니다. 평소에는 공부 이야기가 거의 없다가 시험 기간이 되면 집 전체가 갑자기 공부 모드로 전환되고, 시험이 끝나면 모든 긴장이 풀려버리는 구조입니다.
이런 환경에서 아이는 공부를 삶의 일부로 인식하지 않습니다. 공부는 늘 부담스럽게 시작되고, 끝나면 반드시 벗어나야 할 대상으로 인식됩니다.

공부는 반복 속에서 쌓이는 활동입니다. 그러나 공부가 이어져야 할 시기에 끊기고, 다시 시작할 때마다 매번 에너지를 새로 써야 하는 구조에서는 아이가 버틸 수 없습니다. 공부가 쌓이지 않는 가장 흔한 이유는 아이의 능력이 부족해서가 아니라, 공부가 지속될 수 있도록 설계된 일상이 존재하지 않기 때문입니다.
부모가 특별히 공부를 방해하지 않았다고 해도, 공부가 자연스럽게 반복될 수 없는 구조라면 아이는 결국 지치게 됩니다.

아이의 상태를 부모의 기준으로만 판단할 때 공부는 빠르게 무너집니다

두 번째로 자주 보게 되는 습관은 아이의 상태를 부모의 기준으로만 해석하는 태도입니다. 이 정도는 할 수 있잖아, 조금만 집중하면 될 텐데, 이 나이에 이 정도는 해야 지와 같은 말들은 부모에게는 격려나 현실적인 조언처럼 느껴질 수 있습니다.

그러나 아이에게 이 말들은 자신의 상태가 존중받지 못하고 있다는 신호로 남습니다.

아이는 아직 자신의 컨디션을 객관적으로 판단하고 조절하는 힘이 충분하지 않습니다. 그래서 부모의 반응을 통해 자신의 상태를 해석합니다. 이때 부모가 아이의 현재 상태를 있는 그대로 받아들이지 않고 기준부터 제시하면, 아이는 자신의 감각을 믿지 못하게 됩니다.

이런 경험이 반복되면 아이는 조금만 힘들어도 나는 안 되는 것 같다는 결론에 너무 빨리 도달하게 되고, 그 결과 공부 앞에서 쉽게 무너집니다.

공부를 오래 버티는 힘은 타고나는 것이 아닙니다. 자기 상태를 인정받고, 조절해본 경험이 반복되며 자라납니다. 이 과정을 건너뛴 아이는 공부가 힘들어지는 순간마다 자신을 의심하게 되고, 그 의심은 곧 포기로 이어집니다.

공부를 관리 대상으로만 대할수록 아이의 주도성은 사라집니다

세 번째 습관은 아이의 공부를 지나치게 관리의 대상으로만 바라보는 태도입니다. 오늘 무엇을 했는지, 몇 장을 풀었는지, 오답은 왜 나왔는지, 내일은 무엇을 할 것인지가 늘 점검의 대상이 됩니다. 이 질문들 자체가 잘못된 것은 아닙니다. 문제는 이 질문들이 아이의 생각을 묻는 말이 아니라, 부모의 불안을 해소하기 위한 확인으로만 반복될 때입니다.

이 환경에서 아이는 공부를 자기 일로 느끼지 않습니다. 공부는 부모에게 보고해야 할 업무처럼 인식되고, 스스로 계획하고 책임지는 힘은 자라지 못합니다. 공부는 결국 혼자 끌고 가야 하는 영역인데, 그 과정에서 필요한 자율성이 자라지 못하면 아이는 부모의 관리가 사라지는 순간 함께 무너집니다. 부모가 옆에 있을 때만 공부가 유지되는 구조는 결코 오래가지 못합니다.

실수를 붙잡는 순간, 아이는 실수를 숨기기 시작합니다

네 번째로 흔하지만 가장 치명적인 습관은 실수를 지나치게 오래 붙잡는 태도입니다. 같은 실수를 반복하지 말라는 의도에서 부모는 종종 과거의 실수를 다시 꺼내 듭니다. 그러나 실수는 정리되어야 자산이 됩니다. 반복해서 들춰질수록 아이에게 실수는 배움의 재료가 아니라 부담이 됩니다.

부모가 실수를 놓아주지 못하면 아이는 실수를 숨기게 됩니다. 그리고 실수를 숨기기 시작한 순간부터 공부는 더는 성장의 과정이 아니라 들키지 않기 위한 행동으로 변합니다. 이 상태에서 공부가 깊어질 수는 없습니다. 공부가 깊어진다는 것은 실수를 마주하고, 분석하고, 다시 시도하는 과정이기 때문입니다.

공부와 감정을 분리하지 못하는 집에서는 아이가 버티지 못합니다

마지막으로 반드시 짚고 넘어가야 할 습관은 공부와 감정을 분리하지 못하는 집의 분위기입니다. 성적이 떨어지면 집 안의 공기가 함께 가라앉고, 부모의 말투와 표정이 달라지며, 아이의 일상 전체가 영향을 받는 환경입니다. 이런 경험이 반복되면 아이에게 공부는 단순한 학습 활동이 아니라 관계의 안정성을 위협하는 요소가 됩니다.

공부를 잘하면 집이 편해지고, 못하면 집이 불편해진다는 인식이 자리 잡는 순간, 아이는 공부를 통해 성장하기보다 공부를 통해 긴장을 관리하려 하게 됩니다. 이 상태에서 공부는 오래 지속될 수 없습니다.

이 모든 습관의 공통점은 부모의 의도가 나쁘지 않았다는 점입니다. 대부분은 아이를 걱정하고, 놓치고 싶지 않아서 만들어진 행동들입니다.

그러나 공부는 의도보다 환경에 훨씬 민감하게 반응합니다. 아무리 좋은 뜻이라도, 반복되는 습관이 아이의 공부를 버티기 어렵게 만든다면 결과는 달라지지 않습니다.

그래서 저는 부모님들께 이렇게 말씀드립니다. 아이의 공부를 바꾸고 싶다면 큰 결정을 내리기 전에 먼저 작은 반복부터 점검하십시오. 공부를 얼마나 시키고 있는지보다, 공부가 어떤 분위기와 어떤 습관 속에서 반복되고 있는지를 먼저 보셔야 합니다. 아이의 공부는 어느 날 갑자기 무너지지 않습니다. 대신 매일 조금씩, 눈에 띄지 않게 흔들리다 어느 순간 버티지 못하고 주저앉습니다.

다음 장에서는 이 사소한 습관들이 아이의 마음에 어떤 흔적을 남기는지, 그리고 부모가 인식하지 못한 사이 아이의 자존감이 어떤 방식으로 무너지는지를 더 깊고 더 길게 다루겠습니다. 이 부분은 아이의 공부를 이해하는 데 있어 절대로 건너뛸 수 없는 핵심입니다.

부모가 모르는 사이
아이의 자존감을 무너뜨리는 순간

자존감은 큰 사건이 아니니 조용한 반복 속에서 무너집니다

부모들은 아이의 자존감이 무너지는 장면을 떠올릴 때 대개 극적인 순간을 상상합니다. 크게 혼냈던 날, 감정을 주체하지 못한 채 성적표를 들이밀었던 기억, 심한 비교를 했던 장면 같은 것들입니다. 그래서 많은 부모는 이렇게 말합니다. 그 정도까지는 안 했다고, 아이 자존감 깎는 말은 정말 조심해 왔다고 말입니다.

그러나 현장에서 아이들의 학습 태도와 심리 변화를 가장 가까이에서 지켜보며 느낀 사실은 전혀 다릅니다. 아이의 자존감은 한 번의 큰 사건으로 무너지는 경우보다, 부모조차 기억하지 못하는 사소한 순간들이 반복되며 서서히 깎여 나가는 경우가 훨씬 많습니다. 그 과정은 너무 조용해서, 부모가 문제를 알아차렸을 때는 이미 아이의 공부 태도가 눈에 띄게 달라진 뒤인 경우가 대부분입니다.

자존감이 무너진 아이는 반드시 울거나 반항하지 않습니다. 오히려 겉으로는 순해지고, 말이 줄고, 괜찮다는 말을 자주 합니다. 그래서 부모는 상황이 나쁘지 않다고 생각합니다.

하지만 바로 그 지점이 가장 위험한 신호입니다. 아이가 자신의 감정과 생각을 더는 꺼내지 않기 시작했다는 뜻이기 때문입니다.

노력이 결과로만 평가될 때 아이는 시도 자체를 포기합니다

자존감이 무너지는 첫 번째 순간은 아이의 노력이 결과로만 평가되는 경험이 반복될 때입니다. 아이는 분명히 어제보다 더 오래 앉아 있었고, 지난주보다 덜 미루려고 애썼으며, 자기 기준에서는 최선을 다했습니다. 그러나 부모의 반응은 늘 비슷합니다. 그래서 점수는 어떻게 나왔는지, 그렇게 해서 이 결과냐는 말이 자연스럽게 이어집니다.

부모는 사실을 말했을 뿐이라고 생각합니다. 그러나 아이의 마음속에는 분명한 문장이 남습니다. 나는 노력해도 인정받지 못하는 아이라는 생각입니다. 이 문장이 반복해서 쌓이면 아이는 점점 노력 자체를 줄이게 됩니다.

노력은 보상받지 못 하는 행동이라고 학습되기 때문입니다. 이때부터 아이의 공부는 게으름의 문제가 아니라 의미 상실의 문제가 됩니다.

아이는 더는 잘하고 싶어서 공부하지 않습니다. 그저 하지 않으면 더 불편해질 것 같아서 최소한으로 버틸 뿐입니다. 이 상태에서는 어떤 성취도 오래 이어질 수 없습니다.

부모의 기준이 아이의 속도를 재단하는 순간 자존감은 흔들립니다

두 번째 순간은 아이의 속도가 부모의 기준으로 재단될 때입니다. 이건 금방 이해할 수 있는 건데, 이 정도는 이미 끝냈어야지, 다른 애들은 다 했다는 말들은 부모에게는 현실적인 기준 제시처럼 느껴질 수 있습니다. 그러나 아이에게 이 말들은 이렇게 들립니다. 나는 느린 아이다, 나는 기준에 못 미친다는 메시지입니다.

공부에는 분명 개인차가 존재합니다. 이해하는 속도도 다르고, 정리되는 시간도 다릅니다. 그러나 부모가 그 차이를 존중하지 않고 비교와 기준으로만 압박하는 순간, 아이는 자기 리듬을 부끄러워하게 됩니다. 자기 리듬을 부정한 아이는 오래 공부하지 못합니다. 속도를 맞추는 데 에너지를 다 써버리기 때문에, 정작 학습에 필요한 집중력과 사고력은 남지 않습니다.

공부를 오래 버티는 힘은 빠름에서 나오지 않습니다. 자신의 리듬을 믿고 다시 시도해 본 경험 속에서 자라납니다. 이 경험이 사라질수록 아이의 자존감은 공부 앞에서 점점 약해집니다.

실수가 정체성으로 연결되는 순간 공부는 안전하지 않아집니다

세 번째 순간은 실수가 아이의 성격이나 능력으로 연결될 때입니다. 항상 이런 데서 틀린다는 말, 왜 맨날 똑같은 실수를 하느냐는 말, 너는 꼼꼼함이 없다는 표현들은 부모에게는 반복되는 패턴을 짚어준 말일 수 있습니다. 그러나 아이에게 이 말은 자기 자신에 대한 정의로 남습니다.

실수는 고쳐야 할 행동이지, 규정해야 할 정체성이 아닙니다. 그러나 이 경계가 무너지는 순간 아이는 실수를 고치려 하지 않습니다. 대신 숨기기 시작합니다. 실수를 숨기기 시작한 아이에게 공부는 더는 안전한 영역이 아닙니다. 안전하지 않은 공간에서는 어떤 성장도 일어나지 않습니다.

공부가 깊어진다는 것은 실수를 드러내고, 분석하고, 다시 시도하는 과정이 반복된다는 뜻입니다. 이 과정이 두려워진 아이는 공부를 멀리할 수밖에 없습니다.

감정이 축소되는 순간
아이는 자기 자신을 접습니다

네 번째 순간은 아이의 감정이 축소되거나 무시될 때입니다. 그 정도로 속상해할 일은 아니지 않느냐, 네가 너무 예민한 거라는 말, 다들 그렇게 겪는다는 말들은 부모에게는 아이를 단단하게 키우기 위한 말처럼 느껴질 수 있습니다. 그러나 아이는 이렇게 받아들입니다. 내 감정은 중요하지 않다, 나는 약하다는 생각입니다.

감정을 인정받지 못한 아이는 자신의 상태를 표현하지 않게 됩니다. 표현되지 않은 감정은 공부 앞에서 불안과 회피로 바뀝니다. 그래서 자존감이 무너진 아이일수록 공부 앞에서 이유 없이 지치고, 설명하기 어려운 불안을 호소합니다. 이 불안은 학습 능력의 문제가 아니라, 감정이 머물 곳을 잃었을 때 나타나는 자연스러운 반응입니다.

부모가 평가자가 되는 순간
아이의안전망은 사라집니다

다섯 번째 순간은 부모가 아이를 대신 평가하는 장면입니다. 상담 자리에서, 학원에서, 혹은 친척들 앞에서 부모가 아이를 설명하며 게으르다거나 의지가 약하다고 말하는 순간, 부모는 솔직하게 말했을 뿐이라고 생각할 수 있습니다. 그러나 아이는 그 순간 자기 편이 사라졌다고 느낍니다.

부모는 아이의 가장 강력한 안전망입니다. 그런데 그 안전망이 평가자가 되는 순간 아이의 자존감은 가장 크게 흔들립니다. 이 경험이 반복되면 아이는 더는 부모 앞에서 자신의 약점이나 실패를 드러내지 않으려 합니다. 그리고 부모가 모르는 사이, 아이는 혼자 버티는 방식을 선택합니다. 혼자 버티는 아이는 겉으로는 괜찮아 보일 수 있지만, 그 안에서는 이미 많은 것이 무너지고 있습니다.

마무리하며

이 모든 순간의 공통점은 분명합니다. 부모는 아이를 망치려는 의도가 전혀 없었다는 점입니다. 오히려 대부분 아이를 걱정하고, 아이를 위해 최선을 다한다고 믿었던 선택들입니다. 그러나 자존감은 의도가 아니라 반복되는 경험으로 만들어집니다.

자존감이 무너진 아이는 공부를 싫어하는 것이 아닙니다. 공부 앞에서 자기 자신을 믿지 못하게 된 것입니다. 그래서 시도하지 않고, 질문하지 않으며, 도전하지 않습니다. 이 상태에서 성적이 오르기를 기대하는 것은 기초가 무너진 건물 위에 층을 더 쌓으려는 것과 같습니다.

그래서 저는 부모에게 이렇게 말씀드립니다. 아이의 자존감을 키우기 위해 특별한 칭찬을 늘리라는 말이 아닙니다. 아이를 특별하게 대우하라는 말도 아닙니다. 다만 아이를 규정하지 말고, 감정을 축소하지 말고, 노력을 결과로만 재단하지 말라는 것입니다. 이 세 가지만 지켜도 아이의 자존감은 공부를 버틸 수 있는 상태로 유지됩니다.

공부는 아이 혼자 하는 싸움이 아닙니다. 부모의 선택이 아이의 시간을 만들고, 그 시간이 아이의 실력을 만듭니다. 자존감은 그 시간 위에서 자라납니다.

• • • • •

학원 원장이 가장 먼저 보는 아이의 신호들

성적은 결과이지만, 신호는그보다 훨씬 먼저 나타납니다

부모는 아이의 공부 상태를 볼 때 대개 결과부터 확인합니다. 시험 점수, 등급, 평균, 석차 같은 숫자가 아이의 현재 위치를 가장 정확하게 보여준다고 믿습니다.
그래서 성적이 오르내릴 때마다 마음이 함께 흔들리고, 결과가 좋지 않으면 그제야 어디가 문제일까를 고민하기 시작합니다. 숫자는 분명하고 즉각적이기 때문에, 부모의 시선은 자연스럽게 그곳으로 향합니다.

하지만 현장에서 아이들을 매일 마주하는 학원 원장의 시선은 조금 다릅니다. 결과는 이미 지나간 이야기이고, 그 결과를 만들어내는 과정은 훨씬 이전부터 신호를 보내고 있기 때문입니다. 성적이 무너지기 전에는 반드시 태도가 먼저 흔들리고, 태도가 흔들리기 전에는 아이의 말과 행동, 그리고 눈빛에서 이미 변화가 시작됩니다. 그래서 저는 아이를 처음 만날 때 점수표보다 먼저 아이의 상태를 봅니다.

그 아이가 지금 어떤 마음으로 공부 앞에 서 있는지, 공부를 계속해도 되는 상태인지, 아니면 이미 무너지기 직전인지를 먼저 판단합니다. 이 판단이 서지 않으면 어떤 처방도 의미가 없기 때문입니다.

질문이 사라지는 순간,
공부는 이미 멈추기 시작합니다

가장 먼저 보이는 신호는 아이의 말의 방향입니다. 공부가 되는 아이들은 질문을 합니다. 질문의 수준이 높고 낮음을 떠나, 일단 질문을 한다는 사실 자체가 중요합니다. 질문을 한다는 것은 아직 포기하지 않았다는 뜻이고, 모르는 것을 드러내도 괜찮다고 느끼고 있다는 증거이기 때문입니다. 이 아이들은 이해가 완벽하지 않아도, 다시 시도할 수 있다는 감각을 지니고 있습니다.

반대로 공부가 무너지기 시작한 아이들은 질문을 줄입니다. 처음에는 질문을 미루고, 그다음에는 질문을 피하며, 결국에는 아예 질문을 하지 않습니다. 부모는 이 모습을 보고 요즘 질문을 안 해서 다 아는 줄 알았다고 말하지만, 실제로는 정반대인 경우가 훨씬 많습니다. 질문이 사라진 자리는 이해가 아니라 포기가 차지하고 있습니다.

이 아이들은 모르는 문제를 만나도 더는 손을 들지 않습니다. 질문을 통해 해결하려는 시도보다, 들키지 않고 넘어가는 쪽을 선택합니다. 이 선택이 반복되면 공부는 더는 쌓이지 않습니다. 겉으로는 조용히 앉아 있는 것처럼 보이지만, 안에서는 이미 학습이 멈춰 있는 상태입니다. 질문이 사라졌다는 것은, 아이가 더는 안전하다고 느끼지 않는다는 신호입니다.

실수와 집중력을 대하는 태도에서 아이의 상태가 드러납니다

두 번째로 보이는 신호는 실수를 대하는 태도입니다. 공부가 되는 아이들은 실수를 숨기지 않습니다. 틀린 문제를 들고 와서 여기서 왜 이렇게 생각했는지 모르겠다고 말할 수 있습니다. 실수가 곧 자신에 대한 평가로 이어지지 않는다는 경험이 충분하기 때문입니다. 이 아이들에게 실수는 부끄러운 것이 아니라, 정리해야 할 과정입니다.

반대로 공부가 무너지는 아이들은 실수를 감춥니다. 오답 노트를 쓰지 않거나, 틀린 문제를 슬쩍 넘기고, 맞은 문제만 강조합니다. 부모나 선생님 앞에서 괜찮아 보이려는 노력을 하는 것입니다. 이 상태에서 공부는 이미 방향을 잃었습니다. 실수를 통해 성장해야 할 시기에, 아이는 실수를 피하는 데 에너지를 쓰고 있기 때문입니다.

세 번째 신호는 집중력의 형태입니다. 집중력은 흔히 타고나는 능력이라고 오해되지만, 실제로는 심리 상태의 영향을 매우 크게 받습니다. 공부가 되는 아이들의 집중력은 완벽하지 않아도 회복력이 있습니다. 잠시 흐트러져도 다시 돌아오고, 막히는 순간이 있어도 끝내 한 번은 더 시도합니다.

반면 공부가 무너지는 아이들의 집중력은 쉽게 끊어지고, 다시 이어지지 않습니다. 조금만 어려워져도 손을 놓고, 한 번 흐트러지면 그대로 멈춰버립니다. 이 아이들에게 문제는 집중력이 약한 것이 아니라, 집중이 끊어졌을 때 다시 돌아와도 괜찮다는 믿음이 없다는 점입니다. 집중력은 의지의 문제가 아니라, 안전감의 문제입니다.

눈빛이 닫히는 순간,
아이는 이미 한 번 무너졌습니다

네 번째로 제가 유심히 보는 신호는 공부 외 시간의 태도입니다. 공부가 무너지는 아이들은 쉬는 시간에도 불안합니다. 쉬면서도 마음이 편하지 않고, 놀면서도 죄책감을 느끼거나, 반대로 현실을 잊기 위해 과도하게 도피합니다. 이 아이들은 공부와 휴식 사이의 균형이 이미 깨져 있습니다.

공부가 되는 아이들은 쉬는 시간에도 비교적 안정적입니다. 쉬는 시간을 도망이 아니라 회복으로 사용합니다. 이 차이는 아주 작아 보이지만,

장기적으로는 학습 지속력에서 엄청난 격차를 만듭니다.

마지막으로 가장 중요한 신호는 아이의 눈빛과 말투입니다. 이 부분은 수치로 설명할 수 없지만, 현장에 오래 서 있으면 분명히 보입니다. 공부가 되는 아이들의 눈빛에는 아직 여지가 있습니다. 불안해 보일 수는 있어도 완전히 닫혀 있지는 않습니다.

반대로 이미 무너진 아이들의 눈빛은 말을 하기 전부터 닫혀 있습니다. 질문을 던지면 방어부터 나오고, 새로운 과제를 제시하면 이미 안 된다는 표정이 먼저 나옵니다.

이 신호가 나타났을 때 가장 위험한 대응은 성적을 더 강하게 밀어붙이는 것입니다. 이 시점에서 아이에게 필요한 것은 더 많은 공부가 아니라, 공부를 다시 시작할 수 있는 상태로의 회복입니다.

그래서 저는 부모에게 이렇게 말합니다. 성적이 떨어진 뒤에 움직이려고 하지 마십시오. 결과가 나오기 전에 이미 신호는 충분히 보이고 있습니다. 질문이 줄어들고, 실수를 숨기고, 집중이 쉽게 끊어지고, 눈빛이 닫히기 시작했다면 그때가 바로 개입의 시점입니다.

공부는 갑자기 무너지지 않습니다. 반드시 신호를 보내고, 경고를 반복한 뒤에 무너집니다. 그 신호를 읽어낼 수 있는 눈을 갖는 것, 그것이 부모가 할 수 있는 가장 중요한 역할 중 하나입니다.

Part. 2

● ● ● ● ●

공부가 되는 아이들의 결정적 차이는 '태도'입니다

부모가 아이의 공부를 이야기할 때, 가장 많이 착각하는 부분이 있습니다. 성적이 오르지 않는 이유를 '방법'에서 찾는다는 점입니다. 어떤 문제집이 부족한지, 어떤 학원이 맞지 않는지, 공부 시간이 얼마나 모자라는지부터 점검합니다. 하지만 현장에서 아이들을 오래 지켜보면, 성적이 오르지 않는 이유는 거의 예외 없이 다른 곳에 있습니다. 공부를 대하는 태도입니다.

공부를 대하는 태도는 하루아침에 만들어지지 않습니다. 아이가 책상 앞에 앉아 있는 모습, 문제를 대하는 표정, 틀린 문제를 넘기는 방식, 질문을 꺼내는 타이밍까지. 이 모든 것은 아이가 공부를 어떤 감정으로 받아들이고 있는지를 그대로 보여줍니다. 태도가 무너진 상태에서는 어떤 공부법도 오래 작동하지 않습니다. 반대로 태도가 바로 선 아이는 시간이 걸릴지언정 반드시 올라옵니다.

● ● ● ● ●

공부를 대하는 태도가 성적을 결정합니다

방법을 바꾸기 전에 반드시 확인해야 할 한 가지

부모들은 종종 이렇게 묻습니다. 공부 방법을 바꾸면 성적이 오를 수 있는지, 문제집을 바꾸면 아이가 달라질 수 있는지 말입니다. 이 질문에는 아이를 어떻게든 도와주고 싶다는 진심이 담겨 있습니다. 그래서 더 좋은 방법을 찾고, 더 효과적인 도구를 고민하며, 조금이라도 가능성이 있어 보이면 곧바로 시도합니다.

그러나 현장에서 아이들을 매일 마주하며 성적이 오르는 순간과 무너지는 순간을 반복해서 지켜본 사람으로서, 저는 이 질문 앞에서 늘 한 가지를 먼저 되묻습니다. 지금 이 아이는 공부를 어떤 마음으로 대하고 있는지, 공부 앞에 설 때 어떤 감정 상태에 놓여 있는지를 말입니다.

같은 문제집을 풀고, 같은 설명을 듣고, 같은 시간을 투자해도 결과가 완전히 달라지는 이유는 대부분 여기에서 갈라집니다. 공부를 대하는 태도는 아이가 문제를 만났을 때의 첫 반응을 결정하고, 막혔을 때 포기할지 다시 시도할지를 가르며, 틀렸을 때 마음이 무너질지 아니면 배움으로 받아들일지를 결정합니다.
이 태도가 이미 무너져 있다면, 그 위에 어떤 공부법을 얹어도 오래 버티지 못합니다. 처음에는 효과가 있는 것처럼 보일 수 있지만, 결국 같은 지점에서 다시 멈춥니다. 부모가 방법을 계속 바꾸는 동안, 아이의 태도는 그대로이기 때문입니다.

공부가 되는 아이들은 공부를 자신에 대한 평가로 여기지 않습니다

공부가 되는 아이들의 태도를 자세히 들여다보면, 몇 가지 분명한 공통점이 있습니다. 이 아이들은 전혀 완벽하지 않습니다. 집중이 자주 흐트러지기도 하고, 같은 실수를 반복하기도 하며, 어떤 날은 책상 앞에 앉는 것 자체를 힘들어하기도 합니다.
그러나 결정적인 차이는, 이 아이들이 공부를 자기 자신과의 싸움으로 만들지 않는다는 점입니다.

공부를 잘하는 아이들은 공부를 통해 자신이 어떤 사람인지 증명하려 하지 않습니다. 틀린 문제를 풀었다고 해서 자신이 부족한 존재라고 단정하지 않고, 시험 점수가 기대에 미치지 못했다고 해서 자기 존재 전체가 부정당했다고 느끼지 않습니다.
이 태도는 아이를 느슨하게 만들지 않습니다. 오히려 실패를 견디게 만들고, 다시 한번 시도할 수 있는 심리적 여유를 만들어줍니다. 이 여유가 쌓일수록 아이는 공부를 피하지 않고, 조금 더 오래 붙잡을 수 있게 됩니다.

반대로 공부가 되지 않는 아이들의 태도를 보면, 공부가 늘 자기 자신과 강하게 연결되어 있습니다. 문제 하나를 틀리면 곧바로 나는 안 된다는 결론으로 이어지고, 시험 하나를 망치면 나는 원래 공부를 못하는 사람이라는 정체성으로 굳어집니다.

이 상태에서 공부는 이제는 학습이 아니라, 자존감을 걸고 하는 위험한 도박이 됩니다. 아이가 공부를 싫어하는 것처럼 보일 때, 그 안을 들여다보면 공부를 싫어해서가 아니라 상처받지 않기 위해 피하고 있는 경우가 훨씬 많습니다.

공부 태도는 아이의 선택이 아니라,
반복된 경험의 결과입니다

그렇다면 이 태도의 차이는 어디에서 만들어질까요. 아이 스스로 어느 날 갑자기 이런 태도를 선택하는 경우는 거의 없습니다. 대부분은 아주 오랜 시간에 걸쳐 반복된 경험 속에서 만들어집니다. 부모의 말과 반응, 교사의 태도, 집 안의 분위기, 실패를 다루는 방식들이 쌓여 아이 안에 하나의 기준을 형성합니다. 그리고 그 기준은 아이가 공부 앞에 설 때마다 자동으로 작동합니다.

공부해도 괜찮았던 경험, 틀려도 다시 시도할 수 있었던 기억, 결과보다 과정을 인정받았던 순간들이 반복된 아이는 공부 앞에서 비교적 안정적인 태도를 유지합니다. 이 아이들은 실패를 자신에 관한 판단으로 연결하지 않습니다.
반면 노력보다 결과가 먼저 평가되었고, 실수가 곧 지적과 비교로 이어졌던 아이는 공부 앞에서 점점 경직됩니다. 이 경직은 처음에는 작은 긴장으로 시작되지만, 시간이 지날수록 공부 자체를 피하게 만드는 강한 저항으로 변합니다.

제가 학원을 운영하며 아이들을 처음 만날 때 가장 먼저 파악하려는 것도 바로 이 태도입니다. 아이가 설명을 들을 때 고개를 끄덕이는지, 틀린 문제를 들고 올 때 망설임이 있는지, 모르는 것을 질문할 때 눈치를 보는지를 유심히 봅니다.
이 작은 행동들 속에 이미 공부 태도의 방향이 고스란히 드러나 있기 때문입니다. 태도는 말로 설명하지 않아도 행동으로 먼저 나타납니다.

태도는 성적을 대신하지 않지만, 성적이 자랄 수 있는 조건을 만듭니다

성적이 낮아도 태도가 살아 있는 아이는 반드시 올라옵니다. 시간이 걸릴 수는 있어도, 결국에는 제 자리를 찾습니다. 이 아이들은 공부를 완벽하게 하지 않아도, 끝까지 놓지 않습니다.
반대로 성적이 아직 괜찮아 보이더라도 태도가 무너진 아이는 어느 순간 갑자기 추락합니다. 이 하락은 갑작스러운 것처럼 보이지만, 사실은 오래 전부터 예고되어 있었던 결과입니다. 이미 공부를 대하는 마음이 무너져 있었기 때문입니다.

공부 태도는 아이의 능력을 대신하지는 않습니다. 그러나 능력이 발휘될 수 있는 조건을 만듭니다. 머리가 좋아도 태도가 무너지면 성적은 나오지 않습니다. 반대로 머리가 아주 뛰어나지 않아도 태도가 살아 있으면 성적은 비교적 안정적으로 유지됩니다. 이 차이는 학년이 올라갈수록, 공부의 난도가 높아질수록 더 크게 벌어집니다.

그래서 저는 부모에게 이렇게 말합니다. 아이의 공부를 바꾸고 싶다면, 먼저 아이가 공부를 어떤 마음으로 대하고 있는지부터 보셔야 합니다. 공부를 두려워하고 있는지, 피하고 있는지, 아니면 아직 버틸 여지가 남아 있는지를 말입니다.

이 기준을 놓치면 부모는 계속 방법만 바꾸게 됩니다. 학원을 옮기고, 교재를 바꾸고, 계획표를 다시 짜지만, 아이의 태도는 그대로이기 때문에 결과는 반복됩니다.

● ● ● ● ●

시키는 공부에서
스스로 하는 공부로바뀌는 순간

부모가 앞에 서 있는 시간이 길어질수록
아이는 점점 뒤로 물러납니다

부모들이 가장 간절히 바라는 장면은 하나입니다. 이제는 좀 알아서 공부했으면 좋겠다는 바람, 잔소리하지 않아도 계획표를 짜주지 않아도 학원 숙제를 챙기지 않아도 아이가 스스로 책상에 앉는 모습입니다. 그래서 많은 부모가 이렇게 말합니다. 저도 처음부터 안 시키고 싶었고, 아이가 알아서 하면 얼마나 좋겠느냐고, 그런데 안 하니까 어쩔 수 없이 시킨 것뿐이라고 말입니다.

이 말은 대부분 사실입니다. 부모가 공부 앞에 서게 되는 이유는 통제 욕구가 아니라 불안입니다. 지금 이 시기를 놓치면 따라잡지 못할까 봐, 한 번 무너지면 다시는 회복되지 않을까 봐, 그래서 아이보다 먼저 앞에 서게 됩니다.

그러나 이 지점에서 반드시 짚고 넘어가야 할 사실이 있습니다. 부모가 앞에 서 있는 시간이 길어질수록, 아이는 점점 뒤로 물러난다는 점입니다.

현장에서 보면 공부를 오래 시켜온 아이일수록, 부모가 없으면 아무것도 하지 않으려는 경향이 분명하게 나타납니다. 숙제를 시작했는지, 얼마나 했는지, 제대로 했는지를 누군가 확인해주지 않으면 공부 자체가 진행되지 않습니다.

이 아이들은 절대 게으르지 않습니다. 오히려 오랫동안 부모의 기준에 맞춰 성실하게 움직여온 경우가 많습니다. 문제는 그 과정에서 아이가 자기 기준을 세워볼 기회를 거의 얻지 못했다는 점입니다. 그래서 부모가 한 발만 물러나도 아이는 방향을 잃고 멈춰버립니다.

시키는 공부가 길어질수록 공부는 아이의 책임에서 멀어집니다

부모는 이 모습을 보고 역시 안 시키면 안 한다는 확신을 하게 됩니다. 그래서 다시 더 강하게 개입합니다. 이 과정이 반복되면서 공부는 서서히 부모의 일이 되어갑니다. 아이에게 공부는 선택도, 책임도 아닌 지시 사항이 됩니다. 언제까지 해야 하는지, 얼마나 해야 하는지, 잘하고 있는지, 못하고 있는지를 모두 부모가 판단합니다.

이 구조 안에서 아이는 공부를 통해 성장하지 않습니다. 요구를 충족시키는 데 필요한 최소한의 행동만 하게 됩니다. 스스로 계획하고 조정하는 힘은 자라지 못하고, 부모의 관리가 사라지는 순간 함께 무너집니다. 그래서 시키는 공부가 길었던 아이일수록, 어느 시점에서 갑작스럽게 크게 흔들립니다. 부모의 손이 닿지 않는 구간이 오면, 아이는 공부를 어떻게 다뤄야 할지 모르는 상태가 되어버리기 때문입니다.

시키는 공부에서 스스로 하는 공부로 전환되는 순간은 결코 극적으로 오지 않습니다. 아이가 갑자기 철이 들어서도 아니고, 어느 날 갑자기 의지가 생겨서도 아닙니다. 그 전환은 언제나 아주 구체적인 경험의 변화에서 시작됩니다. 그리고 그 변화는 대부분 부모가 생각하는 것보다 훨씬 작고 조용합니다.

스스로 하는 공부의 시작은 성적이 아니라 '조절해본 경험'입니다

아이에게 공부가 시켜서 하는 일에서 내가 선택한 일로 바뀌는 최초의 순간은, 결과가 좋아졌을 때가 아닙니다. 공부의 과정에 대해 아이가 처음으로 조절권을 가져봤을 때입니다. 오늘 무엇을 공부할지, 어떤 순서로 할지, 어디까지 할지를 부모가 아닌 아이가 결정해보는 경험입니다.

물론 처음부터 잘할 수는 없습니다. 계획이 허술할 수도 있고, 중간에 흐트러질 수도 있으며, 생각보다 적게 할 수도 있습니다. 그러나 이 경험이 중요한 이유는 결과 때문이 아니라, 아이가 공부를 움직여본 기억을 처음으로 갖게 되기 때문입니다. 이 기억은 생각보다 강력합니다.

부모가 흔히 저지르는 실수는 바로 이 지점에서 나옵니다. 아이가 계획을 세우자마자 그 계획을 평가해버리는 것입니다. 너무 적다거나, 그 순서로 하면 안 된다거나, 비효율적이라는 말이 반복되면 아이는 다시 판단을 부모에게 넘깁니다.

판단을 넘긴 순간, 공부는 다시 시키는 공부로 돌아갑니다. 아이는 다시 한발 뒤로 물러나고, 부모는 다시 앞에 서게 됩니다.

스스로 하는 공부의 출발점은 의외로 아주 소소합니다. 오늘은 이거부터 해보고 싶다, 이 문제는 다시 한번 보고 싶다, 오늘은 여기까지만 하고 싶다는 말이 나오기 시작했다면, 그 아이는 이미 공부의 주체가 되기 시작한 상태입니다.

성적이 아직 오르지 않았더라도, 이 신호는 절대로 가볍게 넘기면 안 됩니다. 오히려 이 시점이 가장 중요합니다.

스스로 하는 공부는 통제를 버릴 때가 아니라, 통제를 옮길 때 시작됩니다

왜냐하면 바로 이 순간, 부모의 반응에 따라 아이의 방향이 결정되기 때문입니다. 이때 부모가 다시 통제권을 거둬들이면 아이는 시키는 공부로 돌아가고, 이때 부모가 한 걸음 물러나면 아이는 스스로 하는 공부로 방향을 틀게 됩니다.

제가 현장에서 본 수많은 사례 중, 공부가 살아난 아이들의 공통점은 분명했습니다. 그 아이들은 어느 순간부터 공부를 잘해야 한다는 압박보다, 공부를 내가 조절할 수 있다는 감각을 먼저 얻었습니다.

이 감각은 성적보다 훨씬 강력합니다. 아이는 성적이 조금 흔들려도 쉽게 무너지지 않습니다. 왜냐하면 공부를 다시 조정할 수 있다는 경험을 이미 해봤기 때문입니다. 반대로 늘 시키는 공부만 해온 아이는 성적이 흔들리는 순간 곧바로 무력감을 느낍니다. 조정 권한이 자신에게 없다고 느끼기 때문입니다.

부모가 반드시 이해해야 할 점은 이것입니다. 스스로 하는 공부는 방임에서 나오지 않습니다. 알아서 하라는 말 한마디로 아이가 주체가 되지는 않습니다. 스스로 하는 공부는 통제의 완전한 철회가 아니라, 통제의 이동에서 만들어집니다. 부모가 쥐고 있던 통제권을 한 번에 놓는 것이 아니라, 아주 작은 영역부터 아이에게 넘겨주는 과정입니다.

처음에는 시간 일부일 수 있고, 과목 하나일 수도 있으며, 문제 몇 개에 불과할 수도 있습니다. 그러나 이 작은 선택권이 반복되면 아이는 점점 더 많은 영역에서 스스로 결정하려 합니다.

이때 부모가 끝까지 참고 기다릴 수 있어야 합니다. 부모가 가장 불안해하는 순간은 바로 이 지점이지만, 여기서 다시 통제권을 거둬들이는 순간 아이는 다시 예전으로 돌아갑니다. 그리고 다음에는 더 늦게, 더 어렵게 자율성을 회복해야 합니다.

공부는 결국 아이 혼자 가야 하는 길입니다. 언젠가는 부모의 손을 놓아야 합니다. 그 시기를 계속 미루면, 아이는 성적이 아니라 공부 자체를 놓아버립니다. 시키는 공부에서 스스로 하는 공부로 바뀌는 순간은 조용합니다. 숙제를 대하는 표정이 달라지고, 틀린 문제를 다시 보는 방식이 달라지며, 공부를 끝냈을 때의 얼굴이 이전보다 덜 지쳐 보입니다.

이 변화는 느리지만, 한 번 시작되면 쉽게 되돌아가지 않습니다. 그리고 이때부터 성적은 비로소 '관리되는 결과'가 아니라 '쌓이는 결과'가 됩니다.

공부를 싫어하던 아이들이 달라지는 계기

아이는 공부를 싫어하는 성향을 타고난 것이 아니라, 싫어지게 된 기억하고 있습니다

부모들은 종종 이렇게 말합니다. 우리 아이는 원래 공부를 싫어한다고, 책상에 앉아 있는 것 자체를 힘들어하고, 문제집만 펴도 표정부터 굳는다고 말입니다. 이 말은 사실일 수 있습니다. 실제로 지금, 이 순간, 공부를 싫어한다고 말하는 아이들은 분명 존재합니다. 그러나 현장에서 수많은 아이를 오랜 시간 지켜보며 분명히 알게 된 사실은, 처음부터 공부를 싫어하는 아이는 거의 없다는 점입니다.

대부분 아이는 공부를 싫어하게 되는 과정을 가지고 있습니다. 그리고 그 과정은 단 한 번의 큰 사건으로 만들어지지 않습니다. 여러 번의 작은 경험이 반복되며, 아이의 마음속에 하나의 인식으로 굳어집니다.
잘해도 별다른 반응이 없었고, 조금만 부족해도 바로 지적이 나왔으며, 노력보다 결과가 먼저 평가되었던 순간들이 차곡차곡 쌓입니다. 그 결과 공부는 점점 즐거운 활동이 아니라, 긴장해야 하는 시간으로 변합니다.

이때 부모가 흔히 내리는 해석은 흥미가 없어서, 의지가 약해서, 성향상 공부와 맞지 않아서라는 결론입니다. 그러나 이 해석은 너무 빠르고, 동시에 가장 위험합니다.

왜냐하면 이 해석은 부모와 아이 모두에게 바꿀 수 없다는 메시지를 주기 때문입니다. 반면 공부를 싫어하게 된 이유를 경험의 관점에서 바라보면 이야기는 완전히 달라집니다. 경험은 다시 설계할 수 있기 때문입니다.

공부가 이제는 나를 공격하지 않는다고 느끼는 순간, 아이는 처음으로 숨을 쉽니다

공부를 싫어하던 아이들이 달라지기 시작하는 첫 번째 계기는, 공부가 이제는 자신을 공격하지 않는다고 느끼는 순간입니다. 이 표현은 다소 추상적으로 들릴 수 있지만, 아이의 측면에서 보면 매우 구체적인 감각입니다.

아이에게 공부는 어느 순간부터 평가의 도구가 됩니다. 점수로 비교당하고, 결과로 판단 받고, 노력보다 성과로만 이야기되는 경험이 반복되면 공부는 배움의 과정이 아니라, 나를 드러내는 위험한 시험대가 됩니다.

이 상태에서 아이는 책상 앞에 앉는 것만으로도 긴장합니다. 문제를 풀기 전부터 이미 실패를 예상하고, 틀릴 가능성을 먼저 계산합니다. 그래서 공부를 싫어하는 것처럼 보이지만, 사실은 공부 자체보다 그 과정에서 느끼는 불안과 압박을 피하고 있는 경우가 훨씬 많습니다. 아이의 회피는 게으름이 아니라 방어입니다.

아이들이 달라지는 출발점은, 공부가 다시 안전해지는 경험입니다. 틀려도 괜찮고, 몰라도 괜찮고, 당장 결과가 나오지 않아도 괜찮다는 메시지를 말이 아니라 반응으로 느끼는 순간입니다.

부모가 점수보다 과정을 먼저 보고, 실수 앞에서 표정을 바꾸지 않으며, 실패를 다음 단계로 연결해줄 때 아이는 처음으로 공부 앞에서 어깨에 들어가 있던 힘을 조금 내려놓습니다. 이 작은 이완이 아이의 태도를 바꾸는 첫 단추입니다.

맞춰야 하는 속도에서 벗어나 자기 리듬을 회복할 때, 공부는 다시 손에 잡히기 시작합니다

두 번째 계기는 공부가 통제에서 벗어나 아이 자신의 리듬을 되찾는 순간입니다. 공부를 싫어하던 아이 중 상당수는 오랫동안 맞춰야 하는 속도 속에서 공부해왔습니다. 학원의 진도, 부모의 기대, 또래와의 비교 속에서 자기 속도로 공부해본 경험이 거의 없습니다. 항상 늦다는 느낌, 항상 부족하다는 평가, 항상 따라가야 한다는 압박 속에서 공부를 해왔습니다.

이런 경험이 누적되면 아이는 공부 내용을 기억하기보다, 공부할 때 느꼈던 무력감을 더 강하게 기억합니다. 그래서 책상에 앉기 전부터 이미 지쳐 있고, 시작하기도 전에 포기하고 싶은 마음이 앞섭니다. 부모가 보기에는 의욕이 없는 것처럼 보이지만, 실제로는 이미 여러 번 실패한 싸움을 다시 시작하고 싶지 않은 상태에 가깝습니다.

아이들이 달라지는 순간은 공부의 속도를 처음으로 스스로 조절해봤을 때 찾아옵니다. 빠르지 않아도 되고, 남들과 같지 않아도 되며, 오늘의 컨디션에 맞춰 조정해도 괜찮다는 경험입니다.

오늘은 조금만 해도 괜찮고, 내일은 조금 더 해볼 수 있다는 감각을 처음으로 가져보는 순간입니다. 이 경험은 아이에게 공부해도 괜찮다는 신호를 보냅니다. 그때부터 아이는 공부를 피해야 할 대상이 아니라, 다시 접근해볼 수 있는 영역으로 인식하기 시작합니다.

실패로 끝나지 않고, 관계를 무너뜨리지 않는 공부를 경험할 때 아이는 다시 시도합니다

세 번째이자 가장 결정적인 계기는, 공부가 실패로 끝나지 않고 연결된다는 경험입니다. 공부를 싫어하는 아이들의 공통점은 노력의 끝이 늘 허탈함으로 마무리되었다는 점입니다.

열심히 했다고 생각했지만, 점수가 나오지 않았고, 다시 시도했지만, 여전히 결과가 달라지지 않았던 경험이 반복됩니다. 이때 아이의 마음속에는 해도 안 된다는 결론이 자리 잡습니다.

이 결론이 무서운 이유는 아이를 게으르게 만들기 때문이 아니라, 시도 자체를 차단하기 때문입니다. 아이는 이제는 실패를 피하려 하지 않습니다. 실패를 예상하기 때문에 아예 시작하지 않는 쪽을 선택합니다. 그래서 공부를 싫어하는 것처럼 보이지만, 사실은 더는 상처받고 싶지 않은 상태인 경우가 많습니다.

아이들이 달라지는 계기는 아주 작은 연결에서 시작됩니다. 문제 몇 개라도 어제보다 나아졌다는 경험, 이전에는 틀렸던 유형을 이번에는 스스로 해결했다는 기억, 부모나 교사가 이 부분은 확실히 달라졌다고 구체적으로 짚어주는 순간입니다.

이 작은 연결이 반복되면 아이는 다시 시도할 이유를 갖게 됩니다. 노력과 결과 사이에 연결이 생기기 시작하기 때문입니다.

그리고 마지막으로, 이 모든 변화가 가능해지는 전제 조건이 있습니다. 바로 공부가 관계를 위협하지 않는다는 확신입니다. 많은 아이가 공부를 싫어하게 되는 진짜 이유는 공부 때문에 부모와의 관계가 불편해졌기 때문입니다.

성적이 떨어질 때마다 집 안 분위기가 가라앉고, 말투가 달라지고, 대화가 줄어드는 경험은 아이에게 공부를 위험한 요소로 각인시킵니다.

이 아이들이 달라지는 순간은 공부를 못해도 부모와의 관계가 유지된다는 경험을 했을 때입니다. 성적이 아니라 아이 자체가 여전히 존중받고 있다는 감각이 생길 때, 아이는 비로소 공부를 다시 꺼내 볼 수 있습니다. 이때 공부는 관계를 망치는 원인이 아니라, 관계 안에서 함께 다룰 수 있는 하나의 과제가 됩니다.

공부를 싫어하던 아이들이 달라지는 계기는 결코 극적이지 않습니다. 특별한 사건이나 계기가 있는 경우는 드뭅니다. 대신 아이가 견딜 수 있는 방향으로 공부가 다시 배치되는 순간이 있습니다. 그 순간을 부모가 알아보고, 서두르지 않고, 다시 통제하지 않고 지켜줄 수 있다면 아이의 태도는 생각보다 훨씬 단단하게 바뀝니다.

집중력은 타고나는 것이 아닙니다

집중력에 대한 오해가 아이의 공부를 먼저 무너뜨립니다

부모들이 상담 자리에서 가장 자주 꺼내는 단어 중 하나가 바로 집중력입니다. 우리 아이는 집중력이 너무 짧고, 앉아는 있는데 금방 딴생각을 하며, 아무리 해도 집중을 못 한다는 말이 반복됩니다. 이 말속에는 이미 하나의 전제가 깔려 있습니다.
집중력은 타고나는 능력이고, 우리 아이는 그 능력이 부족하다는 전제입니다. 이 전제가 굳어질수록 부모의 불안은 커지고, 아이의 위축은 더 깊어집니다. 왜냐하면 타고난 문제라고 생각하는 순간, 바꿀 수 있는 영역이 사라지기 때문입니다.

하지만 현장에서 수없이 확인해온 사실은 분명합니다. 집중력은 타고나는 능력이 아니라, 유지되고 회복되는 상태입니다. 그리고 이 상태는 아이의 의지나 성격보다, 아이가 놓여 있는 환경과 그동안의 경험에 훨씬 더 크게 좌우됩니다.

집중력이 좋은 아이란 처음부터 끝까지 한 번도 흐트러지지 않는 아이가 아닙니다. 그런 아이는 존재하지 않습니다. 집중력이 좋은 아이란 흐트러졌다가도 다시 돌아올 수 있는 아이입니다. 잠시 딴생각을 해도 다시 문제로 복귀하고, 막히는 순간이 와도 완전히 포기하지 않고 한 번은 더 시도해보는 아이입니다.

이 차이는 작아 보이지만, 성적에서는 매우 큰 격차를 만듭니다. 공부는 집중이 완벽해서 쌓이는 것이 아니라, 집중이 다시 이어질 수 있어서 쌓이기 때문입니다. 이 단순한 사실을 놓치는 순간, 부모는 아이에게 불가능한 요구를 하게 됩니다.

집중력이 무너진 아이들은 '집중하는 법'을 배운 적이 없습니다

집중력이 무너진 아이들을 자세히 보면 공통점이 있습니다. 이 아이들은 집중을 못 하는 것이 아니라, 집중이 끊어졌을 때 돌아와 본 경험이 거의 없습니다. 조금만 흐트러져도 바로 지적을 받았고, 조금만 막히면 왜 이렇게 산만하냐는 말을 들었으며, 조금만 늦어져도 집중 좀 하라는 압박 속에서 공부해왔습니다.

이런 환경에서 아이는 무엇을 배우게 될까요. 집중하는 법이 아니라, 흐트러지지 않으려 애쓰는 법을 배우게 됩니다. 그러나 인간은 누구도 완벽하게 집중을 유지할 수 없습니다.
결국 이 아이들은 실패합니다. 그리고 실패가 반복될수록 아이는 이렇게 결론짓습니다. 나는 집중력이 없는 아이라고 말입니다.

이 결론이 위험한 이유는, 아이가 집중을 시도하기도 전에 포기하게 만들기 때문입니다. 집중력은 시도, 실패, 회복의 반복 속에서 자라야 하는데, 아이 스스로 나는 안 된다고 믿는 순간 그 반복 자체가 사라집니다. 부모는 이 모습을 보고 다시 이렇게 말합니다. 역시 집중력이 부족하다고 말입니다. 이렇게 부모의 판단과 아이의 자기 인식이 맞물리는 순간, 악순환은 더욱 단단해집니다.

집중력이 회복되기 시작하는 지점은 언제나 환경의 변화입니다

집중력이 타고난 것이 아니라는 가장 확실한 증거는 이것입니다. 같은 아이도 환경이 바뀌면 집중 시간이 달라집니다. 부모의 말투가 부드러워지고, 실수를 대하는 반응이 달라지며, 공부의 기준이 결과에서 과정으로 옮겨가면 집중력은 눈에 띄게 회복됩니다. 이때 부모는 종종 놀랍니다. 원래 집중력이 없는 줄 알았는데, '아닌가 봐요'라고 말합니다. 맞습니다. 원래 없었던 것이 아니라, 유지될 수 없었던 것입니다.

집중력을 회복시키기 위해 부모가 가장 먼저 해야 할 일은 아이에게 집중을 요구하는 것이 아닙니다. 집중이 깨져도 괜찮다는 신호를 주는 것입니다. 이 말은 공부를 느슨하게 하라는 뜻이 아닙니다. 오히려 장기적으로는 훨씬 단단한 집중력을 만듭니다.

아이에게 지금 좀 흐트러졌구나, 잠깐 쉬었다가 다시 해도 돼, 막히면 돌아와도 괜찮다고 말해보십시오.

이 말들은 아이를 나태하게 만들지 않습니다. 오히려 아이에게 다시 돌아올 수 있는 출구를 만들어줍니다. 출구가 있는 아이는 끝까지 버팁니다. 출구가 없는 아이는 처음부터 도망칩니다. 집중력은 다그치므로 유지되지 않습니다. 안전하다는 감각 속에서만 다시 이어집니다.

집중력은 훈련으로 만들어지기 전에,
먼저 보호되어야 합니다

또 하나 중요한 점은, 집중력을 훈련의 대상으로만 보지 말아야 한다는 것입니다. 집중력 훈련, 집중력 향상 프로그램, 집중력 게임 같은 것들이 나쁘다는 뜻은 아닙니다. 다만 그것이 아이의 상태를 무시한 채 적용될 때 문제가 됩니다. 집중력이 무너진 아이에게 필요한 것은 훈련이 아니라 회복입니다.

충분히 실패해도 괜찮았던 경험, 중간에 멈춰도 다시 이어갈 수 있었던 기억, 집중이 끊겼을 때 혼나지 않았던 순간들이 먼저 쌓여야 합니다. 이 기초가 없는 상태에서 훈련만 반복하면 아이의 집중력은 좋아지지 않습니다. 대신 아이는 더 빨리 지치고, 더 강하게 회피합니다. 공부는 견디는 싸움이 되어버립니다.

제가 학원에서 아이들을 관찰할 때도 집중력은 가장 늦게 판단하는 요소 중 하나입니다. 처음에는 집중이 짧아 보이던 아이가, 환경이 안정되고, 질문이 허용되며, 실수가 보호받는 경험을 쌓으면 몇 달 뒤에는 전혀 다른 모습을 보이는 경우를 수없이 보아왔습니다. 이 아이들은 특별한 훈련을 받지 않았습니다.

다만 집중이 끊어져도 다시 돌아올 수 있었을 뿐입니다. 이 차이가 결국 성적을 만듭니다.

집중력은 아이의 성격도, 능력도 아닙니다. 집중력은 아이가 공부 앞에서 얼마나 안전하다고 느끼는지를 보여주는 지표입니다. 그래서 집중력이 무너졌을 때 부모는 아이를 다그칠 것이 아니라 환경을 점검해야 합니다.

말이 날카로워지지 않았는지, 실수를 오래 붙잡고 있지는 않은지, 공부가 다시 두려운 대상이 되어버린 것은 아닌지를 말입니다.

공부 습관이 무너지는 결정적 시기

공부 습관은 무너진 뒤가 아니라,
가장 안정돼 보이던 시점에서 먼저 균열이 시작됩니다

공부 습관이 무너질 때, 부모들은 대개 결과를 통해 그것을 인식합니다. 성적이 떨어지고, 숙제를 미루기 시작하고, 예전보다 책상 앞에 앉아 있는 시간을 견디지 못하는 모습을 보면서 "요즘 왜 이러지?"라는 질문을 던집니다. 그러나 이 질문이 나오는 시점은 이미 한참 늦은 경우가 많습니다.

현장에서 아이들의 학습 흐름을 오랫동안 지켜본 사람의 시선은 조금 다릅니다. 공부 습관은 어느 날 갑자기 무너지지 않습니다. 결과로 드러나기 훨씬 이전부터, 아주 조용하게 균열이 생기기 시작합니다. 그리고 그 균열은 유독 특정 시기에 크게 벌어집니다.

많은 부모가 한 가지 착각을 합니다. 공부 습관은 한 번 잡히면 계속 유지될 것이라는 믿음입니다. 초등학교 때 성실했던 아이는 중학교에서도 괜찮을 것이고, 중학교에서 버텼던 아이는 고등학교에서도 버티리라 생각합니다.

그러나 공부 습관은 절대 자동으로 유지되지 않습니다. 환경이 바뀌고, 요구 수준이 달라지는 순간, 아이의 기존 습관은 반드시 흔들립니다.

특히 가장 위험한 시기는 아이가 "잘하고 있던 시기"가 끝날 때입니다. 성적이 어느 정도 나왔고, 부모도 아이도 "이 정도면 괜찮다"라고 느끼던 바로 그 시점입니다.

이때 부모는 두 가지 선택 중 하나를 합니다. 관리를 느슨하게 하거나, 반대로 기준을 갑자기 끌어올립니다. 그리고 이 두 선택은 모두 위험합니다.

관리를 놓아버리면 아이는 방향을 잃습니다. 아직 스스로 공부를 조절할 힘이 충분히 자라지 않았기 때문입니다. 반대로 기준을 갑자기 높이면 아이는 버티지 못합니다. 지금까지 유지되던 습관은 '아이 혼자 만든 것'이 아니라, 부모의 기준과 관리 위에 얹혀 있었기 때문입니다.

겉으로 보기에는 아이가 스스로 잘하는 것처럼 보여도, 실제로는 부모의 구조 안에서만 유지되던 습관인 경우가 많습니다. 이 상태에서 환경이 바뀌는 순간, 습관은 그대로 무너집니다. 부모는 그제야 성적을 보고 놀라지만, 사실 붕괴는 이미 오래전부터 예고되어 있었습니다.

공부의 성격이 바뀌는 순간,
예전 습관은 이제는 아이를 지켜주지 못합니다

공부 습관이 크게 흔들리는 두 번째 시기는 공부의 양과 난도가 동시에 올라가는 순간입니다. 중학교 진입, 중2 후반, 고등학교 입학, 고1 2학기. 이 시기에는 단순히 공부 시간이 늘어나는 것이 아니라, 공부의 성격 자체가 바뀝니다.

암기 중심의 공부에서 이해 중심으로, 이해에서 적용으로, 적용에서 사고력으로 이동합니다. 문제를 많이 푼다고 해결되지 않고, 성실함만으로는 버틸 수 없는 구간이 시작됩니다. 이때 공부 습관은 반드시 다시 설계되어야 합니다.

그러나 많은 아이는 여전히 예전 방식으로 버티려 합니다. 초등학교 때 통하던 반복, 중학교 초반에 효과 있었던 시간 투자, '열심히 하면 된다'라는 믿음으로 밀어붙입니다. 문제는 이 시점부터 같은 노력으로 같은 결과가 나오지 않는다는 점입니다.

시간은 늘었는데 성과는 줄고, 노력은 많아졌는데 자신감은 떨어집니다. 아이의 마음속에는 점점 이런 감각이 자리 잡습니다. "전에는 이 정도면 됐는데, 이제는 아무리 해도 안 된다." 이 감각이 반복되는 순간, 공부 습관은 겉에서가 아니라 안에서부터 무너지기 시작합니다.

이때 부모는 흔히 이렇게 말합니다. "원래 하던 대로만 하면 돼." 그러나 아이에게 '원래 하던 대로'는 이미 통하지 않는 방식이 되어 있습니다. 공부의 무게가 달라졌는데, 습관은 그대로 두고 버티라고 요구하는 셈입니다.

이 시점에서 부모가 아이의 방식을 점검하지 않고 노력만 요구하면, 습관은 점점 부담으로 변합니다. 그리고 부담이 된 습관은 오래 유지되지 않습니다.

공부 습관이 무너지는 이유는 아이의 의지가 약해져서가 아니라, 습관이 감당해야 할 무게가 아이의 현재 상태를 넘어섰기 때문입니다.

이유 없는 실패가 반복되는 구간에서 습관은 가장 빠르게 붕괴합니다

또 하나의 결정적 시기는 실패가 반복되는 구간입니다. 한두 번의 실패는 아이를 무너뜨리지 않습니다. 오히려 적절히 정리된 실패는 아이를 성장시킵니다. 문제는 실패 원인을 모른 채, 실패가 계속될 때입니다.

왜 틀렸는지 모르겠고, 어디서부터 다시 시작해야 할지도 모르며, 노력과 결과 사이의 연결이 끊어진 상태. 이때 아이는 점점 습관을 유지할 이유를 잃습니다. 열심히 해도 달라지지 않는다는 감각이 자리 잡기 때문입니다.

습관은 단순히 반복한다고 유지되지 않습니다. 습관은 '이걸 계속하면 의미가 있다'라는 확신 위에서만 유지됩니다. 이 확신이 무너지면, 아무리 성실했던 아이도 버티지 못합니다.

이 시기에 필요한 것은 더 많은 문제 풀이도, 더 긴 공부 시간도 아닙니다. 습관을 다시 의미 있는 구조로 재배치하는 작업입니다. 지금 이 아이에게 꼭 필요한 것과 잠시 미뤄도 되는 것을 구분하고, 완벽이 아니라 지속을 기준으로 다시 설계해야 합니다.

그러나 부모는 이 시점에서 가장 많이 실수합니다. 습관이 흔들리는 것을 느끼면 곧바로 '강화'로 대응합니다. 시간을 늘리고, 통제를 강화하고, 기준을 더 엄격하게 만듭니다. 하지만 이 방식은 이미 균열이 난 습관을 더 빠르게 무너뜨립니다.

습관은 강요로 유지되지 않습니다. 습관은 아이가 견딜 수 있을 때만 유지됩니다. 이 단순한 원리를 놓치는 순간, 부모의 개입은 오히려 붕괴를 앞당깁니다.

습관이 다시 살아나는 순간은 '더 열심히'가 아니라 '다시 맞추는 순간'입니다

제가 현장에서 본, 공부 습관이 다시 살아나는 아이들의 공통점은 매우 분명합니다. 이 아이들은 한 번, 공부의 무게를 다시 조정받았습니다. 해야 할 것과 지금은 내려놔도 되는 것이 분명히 구분되었고, 완벽이 아니라 지속이 기준이 되었으며, 실패를 전제로 다시 설계되었습니다.

이 재조정이 이루어지는 순간, 아이의 공부는 다시 이어지기 시작합니다. 성적이 바로 오르지 않아도 괜찮습니다. 중요한 것은 공부가 다시 일상이 된다는 점입니다. 책상 앞에 앉는 것이 극복해야 할 일이 아니라, 하루의 일부로 돌아옵니다.

아이의 표정이 달라지고, 공부를 끝냈을 때의 피로가 달라지며, “그래도 해볼 만하다”라는 말이 나오기 시작합니다. 이것이 바로 습관이 회복되고 있다는 가장 확실한 신호입니다.

그래서 저는 부모에게 이렇게 말합니다. 공부 습관이 무너졌다고 느껴질 때, 아이를 다그치지 마십시오. 그보다 먼저, 지금 이 습관이 아이에게 너무 무거운 것은 아닌지를 보셔야 합니다. 습관은 아이를 단단하게 만들 수도 있지만, 잘못 설계되면 아이를 가장 빠르게 지치게 만드는 장치가 됩니다.

Part. 3

● ● ● ● ●

학년별로 완전히 다른 공부 전략이 필요합니다

부모가 아이의 공부를 바라보며 가장 크게 착각하는 지점이 하나 있습니다. 공부는 학년이 올라가도 같은 방식으로 하면 된다는 생각입니다. 초등 때 하던 방식이 중학교에서도 통할 것 같고, 중학교에서 어느 정도 성적이 나오면 고등학교에서도 비슷하게 갈 수 있을 것이라 기대합니다.
하지만 현장은 정반대입니다. 학년이 바뀌는 순간, 공부의 본질은 완전히 달라집니다. 이 변화를 읽지 못한 부모의 선택은 아이를 서서히 무너뜨립니다.

공부는 단절 없이 이어지는 것처럼 보이지만, 실제로는 학년별로 요구하는 능력이 전혀 다릅니다. 그래서 어떤 아이는 초등에서 잘하다가 중학교에서 무너지고, 어떤 아이는 중학교까지는 버티다가 고등학교에서 완전히 길을 잃습니다. 이 차이는 아이의 능력 때문이 아니라, 학년 전환기에 부모가 전략을 바꾸었는지, 그대로 끌고 왔는지에서 갈립니다.

●●●●●

초등 공부, 성적보다 더 중요한 것은 따로 있습니다

초등 시기를 '애매한 시기'로 느끼기 시작하는 순간, 공부의 방향은 흔들리기 시작합니다

초등학생 자녀를 둔 부모에게 가장 어려운 질문은 이것입니다.

"지금 이 아이의 공부를 어디까지 봐줘야 할까요?"

느슨하면 뒤처질 것 같고, 조이면 공부를 싫어하게 될 것 같다는 불안 속에서 부모는 늘 갈팡질팡합니다.

그래서 많은 부모가 초등 시기를 '애매한 시기'로 느낍니다. 성적을 따지기에는 아직 이르다고들 말하지만, 막상 주변을 보면 이미 선행을 시작한 아이들이 있고, 학원 진도는 점점 빨라지며, 비교의 기준은 중학교 수준까지 올라가 있습니다. 이 상황에서 부모는 결국 자신에게 묻게 됩니다.

"우리 아이만 너무 느슨한 건 아닐까?"

이 질문이 반복되기 시작하는 순간, 초등 공부는 방향을 잃기 시작합니다. 부모의 기준은 점점 흔들리고, 아이의 공부는 점수와 비교로 좌우

되기 시작합니다. 초등 시기에는 아직 아이가 스스로 공부의 의미를 해석할 힘이 부족하므로, 이 시기의 방향 상실은 고스란히 부모의 불안에서 시작됩니다.

문제는 이 불안이 곧 관리 강화로 이어진다는 점입니다. 더 시키고, 더 확인하고, 더 빠르게 보내려는 선택이 반복됩니다. 그러나 초등 시기의 공부는 속도로 해결되지 않습니다. 이 시기에 잘못 잡힌 방향은 성적보다 훨씬 오래 아이를 붙잡습니다.

초등 성적은 능력이 아니라, 환경과 반응의 결과에 가깝습니다

초등 공부에서 가장 위험한 오해는 지금의 성적이 아이의 공부 능력을 정확히 보여준다고 믿는 것입니다. 그러나 초등 시기의 시험 점수는 아이의 이해력이나 잠재력을 반영하기보다는, 부모의 관리 강도와 반복 훈련의 결과가 점수로 나타나는 경우가 훨씬 많습니다.

이 말은 곧 이런 뜻입니다.

초등 시기에 성적이 잘 나오는 아이가 반드시 공부를 잘하는 아이는 아닙니다. 반대로 성적이 다소 평범하다고 해서 이후에 무너질 아이라는 뜻도 아닙니다. 초등 성적은 결과라기보다, 환경과 반응의 산물에 가깝습니다.

그런데도 부모가 초등 성적에 집착하는 이유는 분명합니다. 점수는 눈에 보이고, 비교가 가능하며, 부모로서 무언가 하고 있다는 안도감을 주기 때문입니다. 그러나 이 안도감은 매우 짧습니다. 그리고 그 대가는 생각보다 큽니다.

성적을 중심에 둔 초등 공부는 아이에게 공부를 '평가받는 활동'으로 각인시킵니다. 잘했을 때는 긴장이 풀리고, 못했을 때는 위축되는 경험이 반복됩니다. 이 구조 속에서 아이는 점점 공부 자체보다, 결과 이후의 분위기를 먼저 계산하게 됩니다. 이 감각은 중학교 이후에 치명적인 약점으로 돌아옵니다.

초등 공부는 머리에 남기기 전에, 감정에 먼저 저장됩니다

초등 시기의 아이에게 공부는 아직 '미래를 위한 투자'가 아닙니다. 부모처럼 장기적인 관점에서 공부를 이해하지 못합니다. 아이에게 공부는 지금, 이 순간의 경험일 뿐입니다. 그래서 초등 공부는 아이의 머리에 남기보다, 아이의 감정에 먼저 남습니다.

공부하고 난 뒤 어떤 기분이 들었는지, 부모의 표정이 어땠는지, 잘했을 때와 못했을 때 집 안의 공기가 어떻게 달라졌는지가 고스란히 축적됩니다. 이 감정의 기억은 사라지지 않습니다. 그리고 이 축적된 감정이 중·고등 시기에 아이가 공부 앞에 섰을 때의 기본 태도가 됩니다.

부모가 초등 시기에 가장 많이 저지르는 실수는 아이의 공부를 '관리 대상'으로만 바라보는 것입니다. 오늘 무엇을 했는지, 숙제는 끝냈는지,

틀린 문제는 왜 틀렸는지, 다음에는 어떻게 할 건지. 이 질문들이 반복되면 아이는 공부를 '생각하는 활동'이 아니라 '보고해야 하는 작업'으로 인식하게 됩니다.

초등 때는 이 구조가 큰 문제처럼 보이지 않습니다. 아이는 아직 부모의 관리 안에서 움직일 수 있기 때문입니다. 그러나 이 인식은 중학교 진입과 동시에 치명적인 약점으로 드러납니다. 부모의 관리가 느슨해지는 순간, 아이의 공부는 방향을 잃기 때문입니다.

초등 시기에 만들어야 할 것은 성적이 아니라, 자기 조절의 씨앗입니다

초등 시기에 반드시 만들어야 할 것은 완성된 자기 주도 학습이 아닙니다. 그것은 초등 아이에게 과한 요구입니다. 대신, 자기 조절의 씨앗을 심어야 합니다. 스스로 선택해본 경험, 실패를 정리해본 기억, 부모의 기준이 아니라 자기 기준으로 판단해본 작은 순간들입니다.

예를 들어 오늘 공부할 분량을 아이가 스스로 정해보게 하고, 그 선택이 다소 부족해 보여도 바로 개입하지 않는 경험. 틀린 문제를 부모가 먼저 지적하기보다, 아이 스스로 "여기가 헷갈렸어"라고 말해볼 시간을 주는 태도. 이런 작은 경험들이 쌓이면 아이는 공부를 '시키는 일'이 아니라 '조절 가능한 일'로 인식하기 시작합니다.

이 시기 부모의 역할은 감독자가 아니라 환경 설계자에 가깝습니다.

아이가 공부를 오래 가져갈 수 있도록 감정의 온도를 조절하고, 실패가 치명적이지 않다는 메시지를 반복해서 전달하며, 성적보다 태도를 먼저 봐주는 사람입니다. 이 역할은 눈에 띄지 않지만, 가장 결정적인 역할입니다.

부모가 이 역할을 제대로 수행한 아이는 초등 시기에 눈에 띄는 성적을 만들지 못했더라도, 중학교에 들어가 급격히 무너지지 않습니다. 공부를 버티는 힘이 남아 있기 때문입니다. 반대로 초등 시기에 성적만을 기준으로 관리받아온 아이는, 중학교에서 요구되는 학습량과 사고 수준을 감당하지 못하고 쉽게 지칩니다.

그래서 저는 초등학생 학부모에게 이렇게 말합니다.
지금 아이의 점수가 불안하다면, 점수를 올리려 애쓰기 전에 아이의 공부 표정을 먼저 보십시오. 문제를 틀렸을 때 숨고 싶은 표정인지, 다시 풀어보려는 표정인지. 공부가 끝난 뒤 안도하는 얼굴인지, 혹은 긴장이 풀린 얼굴인지. 이 표정들이 바로 초등 공부의 진짜 성적표입니다.

초등 시기에 성적은 바뀔 수 있습니다. 그러나 이때 만들어진 공부 감정은 쉽게 바뀌지 않습니다. 이 감정이 긍정적으로 형성된 아이만이, 이후 어떤 학년에서도 다시 공부를 붙잡을 수 있습니다.

초등 공부를 성공적으로 마친 아이란, 문제를 빨리 푸는 아이가 아니라 공부를 두려워하지 않는 아이입니다.
이 기준을 놓치지 않는 것이, 부모가 초등 시기에 해줄 수 있는 가장 큰 선물입니다.

중학교에서 무너지는 아이들의 공통된 이유

**중학교에서 갑자기 무너진 것이 아니라,
무너질 준비가 끝난 상태로 올라온 경우가 대부분입니다**

중학교에 들어간 뒤 아이가 갑자기 달라졌다고 말하는 부모가 많습니다. 초등학교 때는 그래도 성실했고, 숙제도 잘 해왔으며, 시험 점수도 크게 걱정할 정도는 아니었는데, 중학교에 올라오자마자 공부를 미루기 시작하고 성적은 눈에 띄게 떨어지며 책상에 앉아 있는 시간 자체를 힘들어한다는 이야기입니다.

부모는 당황합니다. 사춘기 때문인지, 중학교 과정이 갑자기 어려워진 것인지, 학원을 바꿔야 하는 건 아닌지 여러 가능성을 떠올립니다. 이 질문들은 모두 자연스럽습니다. 그러나 문제의 핵심을 정확히 짚고 있지는 않습니다.

중학교에서 아이들이 무너지는 이유는 단 하나의 원인 때문이 아닙니다. 초등 시기부터 누적되어 온 공부 구조가 중학교라는 환경을 만나 한꺼번에 드러난 결과이기 때문입니다. 실제 현장에서 보면, 중학교에서 무너지는 아이들의 상당수는 중학교 공부가 시작되기 전부터 이미 흔들릴 준비가 끝난 아이들입니다.

다만 초등 시기에는 부모의 관리와 반복 훈련, 비교적 단순한 평가 구조 덕분에 그 문제가 겉으로 드러나지 않았을 뿐입니다.

중학교에 들어오는 순간 공부의 성격은 완전히 달라집니다. 과목 수는 늘어나고, 한 과목 안에서도 요구되는 사고 수준은 급격히 높아지며, 단순 암기나 반복만으로는 이제는 버틸 수 없는 문제들이 등장합니다. 이 시점부터 아이에게 필요한 것은 머리가 아니라, 공부를 견뎌온 힘입니다. 그리고 이 힘이 충분히 길러지지 않은 아이들은 중학교 1학기부터 서서히 흔들리기 시작합니다.

공부의 주체가 부모인 채로 올라온 아이는, 중학교에서 반드시 한계를 만납니다

중학교에서 무너지는 첫 번째 이유는 공부의 주체가 여전히 부모인 상태로 올라왔기 때문입니다. 초등 시기까지 부모가 계획을 짜주고, 숙제를 챙기고, 진도를 관리해왔던 아이는 중학교에서도 같은 방식으로 버티려 합니다. 그러나 문제는 중학교 공부의 양과 범위가 부모 한 사람이 대신 관리하기에는 이미 너무 커졌다는 점입니다.

부모는 여전히 계획을 세워주고, 체크하고, 잔소리하며 아이를 붙잡으려 합니다. 하지만 아이는 점점 더 지치고, 반발하거나 아예 회피하기 시작합니다. 이때 부모는 "중학교 가더니 사람이 달라졌다"라고 말합니다. 그러나 아이가 달라진 것이 아니라, 공부의 무게가 아이 혼자 감당해야 할 수준으로 바뀌었을 뿐입니다.

아이에게는 그 무게를 혼자 떠 안아본 경험이 거의 없습니다. 초등 시기에는 부모의 관리가 곧 아이의 습관이었기 때문입니다. 이 구조가 깨지는 순간, 아이는 공부 앞에서 방향을 잃습니다. 부모가 아무리 옆에서 끌어당겨도, 아이는 점점 더 멀어집니다.

실패를 다루는 구조 없이 맞닥뜨린 중학교의 결과는, 자기 부정으로 이어집니다

중학교에서 무너지는 두 번째 이유는 실패를 처리하는 구조가 전혀 준비되지 않은 상태로 올라왔기 때문입니다. 초등 시기에는 시험에서 조금 틀려도 다시 풀면 되고, 점수가 낮아도 큰 위기로 이어지지 않습니다. 그러나 중학교에서는 상황이 다릅니다. 등수와 평균, 비교와 경쟁, 고등학교와 대입이라는 단어가 갑자기 현실로 다가옵니다.

이때 아이가 실패를 '조정 가능한 경험'으로 받아들이지 못하면, 실패는 곧 자기 부정으로 이어집니다. "나는 공부를 못하는 애였구나", "아무리 해도 안 되는구나"라는 결론이 아이 안에 자리 잡습니다. 이 결론이 위험한 이유는 아이를 슬프게 만들기 때문이 아니라, 다시 시도할 힘을 빼앗기 때문입니다.

중학교에서 무너지는 아이들 대부분은 한두 번의 실패 이후 공부를 줄이는 방향으로 선택합니다. 이 선택은 게으름이 아니라 자신을 보호하기 위한 반응입니다. 더 해도 상처만 남는다고 느끼는 순간, 아이는 스스로 거리를 두기 시작합니다.

여기에 더해, 공부의 양과 질이 동시에 올라가는 시기에 방법은 그대로인 경우가 많습니다. 초등 시기에 통하던 반복 위주의 학습, 시간으로 밀어붙이는 방식은 중학교 중반 이후부터 빠르게 한계를 드러냅니다. 노력은 늘어나는데 성과는 줄고, 그 결과 아이의 자신감은 급격히 떨어집니다.

이때 아이가 느끼는 감정은 단순한 피로가 아닙니다. "나는 이렇게 해도 안 되는구나"라는 절망감입니다. 이 감정이 반복되면 아이는 이제는 공부 방식을 바꾸려 하지 않습니다. 공부 자체를 줄이는 쪽을 선택하게 됩니다.

중학교는 가장 잔인한 시기이자, 동시에 가장 많이 다시 설계할 수 있는 시기입니다

중학교에서 무너지는 또 하나의 이유는 부모의 개입 방식이 중학교 단계에 맞게 바뀌지 않았기 때문입니다. 중학교에 올라오면 부모의 역할은 관리자가 아니라 조정자이자 기준 제시자로 바뀌어야 합니다. 그러나 많은 부모가 여전히 초등 시기의 방식으로 아이를 대합니다. 숙제했는지, 계획을 지켰는지, 왜 점수가 떨어졌는지를 추궁하는 방식입니다.

이 방식은 중학생의 자존감을 빠르게 무너뜨립니다. 중학생은 이미 자기 판단이 생기기 시작한 시기입니다. 이 시기에 계속해서 통제와 점검만 받으면, 아이는 공부를 자기 영역으로 받아들이지 못합니다. 공부는 여전히 '부모에게 평가받는 일'로 남고, 아이는 점점 더 거리를 두려고 합니다.

여기에 중학교는 아이의 공부 인생에서 처음으로 '현실의 벽'을 체감하는 시기이기도 합니다. 노력하면 따라갈 수 있었던 초등과 달리, 분명한 격차가 눈에 보이기 시작합니다. 이 격차를 아이가 어떻게 해석하느냐에 따라 이후의 공부 인생이 갈립니다.

부모가 이 시기에 "더 열심히 하면 된다"라는 말만 반복하면, 아이는 점점 혼자가 됩니다. 왜냐하면 아이는 이미 열심히 하고 있기 때문입니다. 이때 필요한 것은 더 많은 압박이 아니라, 지금 위치에서 다시 설계할 수 있다는 감각입니다.

제가 현장에서 본, 중학교에서 다시 살아난 아이들의 공통점은 분명합니다. 이 아이들은 한 번, 공부를 다시 정의 받았습니다. "지금 네가 못하는 건 이상한 게 아니다", "이건 네가 틀린 게 아니라 방식이 안 맞았던 거다", "여기서부터 다시 정리하면 된다"라는 메시지를 진심으로 받아들였을 때 아이의 태도는 다시 살아나기 시작했습니다.

공부 시간이 갑자기 늘지는 않아도, 회피는 줄어들고 질문은 조금씩 돌아옵니다. 이 변화가 바로 회복의 신호입니다.

그래서 저는 부모에게 이렇게 말합니다. 중학교에서 아이가 무너졌다고 느껴질 때, 이미 늦었다고 단정하지 마십시오. 다만 지금까지의 방식이 이 단계에 맞지 않았을 뿐입니다. 중학교는 아이의 공부 인생에서 가장 잔인한 시기이기도 하지만, 동시에 가장 많이 다시 설계할 수 있는 시기이기도 합니다.

고등학교에서 뒤집을 수 있는 아이와 끝내 못 뒤집는 아이

고등학교는 결과가 만들어지는 시기가 아니라, 숨겨졌던 구조가 드러나는 시기입니다

고등학교에 들어가는 순간, 아이의 공부는 완전히 다른 국면으로 접어듭니다. 초등과 중학교를 거치며 쌓아온 모든 공부 습관, 태도, 감정, 그리고 부모의 개입 방식이 이 시점에서 한꺼번에 평가를 받게 됩니다.

그래서 고등학교는 흔히 "결과가 나오는 시기"라고 불립니다. 그러나 현장에서 아이들을 직접 지켜본 사람의 시선으로 보자면, 고등학교는 결과가 새로 만들어지는 시기가 아니라, 이미 만들어진 구조가 이제는 숨겨지지 않는 시기에 가깝습니다.

많은 부모가 고등학교에 들어와서야 아이의 공부 상태를 심각하게 인식합니다. 중학교 때까지는 "아직 시간이 있다.", "조금만 더 하면 된다"라며 자신을 위로해왔지만, 고등학교에 들어오자마자 성적이 등급이라는 잔인한 숫자로 고정되기 시작하면 이제는 외면할 수 없게 됩니다. 이 때 부모의 머릿속에는 거의 똑같은 질문이 떠오릅니다.

"지금이라도 뒤집을 수 있을까?"

이 질문에 대해 저는 늘 같은 답을 합니다. 고등학교에서 뒤집을 수 있는 아이는 분명히 존재하지만, 아무나 되는 것은 아니라고 말입니다. 고등학교는 아이를 갑자기 바꾸는 시기가 아닙니다. 이미 누적되어 있던 공부 구조를 그대로 드러내는 시기일 뿐입니다.

고등학교에서 뒤집을 수 있는 아이에게는 '다시 설계해본 경험'이 남아 있습니다

고등학교에서 뒤집을 수 있는 아이와 끝내 그러지 못하는 아이의 차이는 결코 지능이나 학습량에서 비롯되지 않습니다. 실제 현장에서는 중학교 성적이 좋지 않았던 아이가 고등학교에서 크게 성장하는 예도 적지 않게 나타나고, 반대로 중학교 상위권이던 아이가 고등학교에 들어와 급격히 무너지는 경우도 흔합니다.

이 차이를 만들어내는 결정적인 요인은 단 하나입니다.

아이에게 아직 공부를 다시 설계해본 경험이 남아 있느냐, 아니면 이미 마음속에서 한 번 정리해버렸느냐입니다.

고등학교에서 다시 올라오는 아이들은 성적이 낮은 상태로 출발했더라도, 공부를 완전히 포기해본 경험은 거의 없습니다. 실패는 해봤지만,

실패를 이유로 공부를 자기 인생에서 삭제해본 적은 없습니다. 반면 끝내 회복하지 못하는 아이들은 고등학교에 들어오기 전 이미 한 번, 마음속으로 공부를 접어본 경험하고 있는 경우가 압도적으로 많습니다. 고등학교는 그 차이를 가려주지 않을 뿐입니다.

그래서 고등학교에서 뒤집을 수 있는 첫 번째 조건은 성적이 아니라, 공부를 여전히 '조정 가능한 대상'으로 인식하고 있는가입니다. 공부를 "시키면 하는 것"이나 "어차피 안 되는 것"으로 받아들이는 순간, 고등학교에서는 사실상 뒤집기가 불가능해집니다.

반대로 성적이 낮더라도 공부를 "방식을 바꾸면 달라질 수 있는 것"으로 인식하는 아이는 여전히 기회를 가질 수 있습니다.

이 인식은 타고나는 것이 아닙니다. 이전에 실패했을 때 누군가가 그 실패를 아이의 한계가 아니라 구조의 문제로 설명해주었는지, 다시 시도할 수 있도록 환경을 정리해주었는지의 결과입니다. 고등학교에서 뒤집을 수 있는 아이는 갑자기 만들어지지 않습니다. 이미 초등과 중등을 거치며 아주 미세하게라도 "다시 해볼 수 있다"라는 감각을 축적해온 아이입니다.

실패를 '정체성'으로 받아들이는 순간, 고등학교에서는 회복이 멈춥니다

고등학교에서 뒤집을 수 있는 두 번째 조건은 실패를 자기 정체성으로 받아들이지 않는 힘이 남아 있는가입니다. 고등학교에서의 실패는 중학교와 비교할 수 없을 만큼 무겁습니다. 한 과목의 실패가 다른 과목의 자신감을 연쇄적으로 흔들고, 한 번의 시험 결과가 아이의 진로 전체를 뒤흔드는 구조로 바뀌기 때문입니다.

이때 아이가 실패를 어떻게 해석하느냐에 따라 방향은 완전히 갈립니다. 뒤집을 수 있는 아이는 실패를 이렇게 받아들입니다.

"이 방식이 안 맞았구나."

"여기서 다시 바꿔야겠다."

반면 끝내 회복하지 못하는 아이는 실패를 이렇게 결론짓습니다.

"역시 나는 안 되는 애다."

"이 정도가 내 한계다."

이 차이는 말의 차이가 아니라, 다시 시도할 수 있는지를 결정하는 구조의 차이입니다. 고등학교에서 성적을 올린 아이들은 결코 실패가 적어서가 아닙니다. 오히려 실패를 훨씬 많이 경험했습니다. 다만 그 실패를 자기 증명으로 쓰지 않고, 방향 수정의 자료로 사용했을 뿐입니다.

고등학교에서 뒤집히는 순간은, 공부의 책임이 부모에게서 아이에게 완전히 넘어갈 때입니다

고등학교에서 뒤집을 수 있는 세 번째 조건은 공부의 책임이 부모에게서 아이에게 완전히 이동했는가입니다. 고등학교에 들어와서도 부모가 여전히 계획을 짜주고, 공부 시간을 관리하고, 학원을 선택하며, 결과에 더 크게 반응하고 있다면 그 아이가 뒤집을 가능성은 급격히 낮아집니다. 고등학교 공부는 구조적으로 타인이 대신 책임질 수 없는 영역이기 때문입니다.

뒤집기에 성공한 아이들은 어느 시점에서 반드시 한 번, 공부를 자기 일로 받아들이는 순간을 겪습니다. 이 순간은 성적이 좋아서 오지 않습니다. 오히려 성적이 바닥을 찍은 뒤에 오는 경우가 많습니다. 다만 그때 부모가 대신 나서지 않고, 통제자가 아니라 판단을 정리해주는 역할로 물러났을 때 아이는 처음으로 자기 공부를 책임지기 시작합니다.

반대로 끝내 회복하지 못하는 아이들은 고등학교에 들어와서도 공부를 여전히 '부모의 과제'로 인식합니다. 성적이 떨어지면 부모가 먼저 불안해하고, 부모가 먼저 방법을 찾고, 부모가 먼저 움직입니다. 이 구조 속에서 아이는 실패의 주체도, 회복의 주체도 되지 못합니다.

그래서 저는 부모에게 아주 냉정한 말을 전합니다. 고등학교에서 뒤집을 수 있는지는 현재 성적이 아니라 아이의 태도로 판단해야 한다고 말입니다. 아직도 질문을 하는지, 실패를 숨기지 않는지, 방향을 다시 잡을 수 있다고 믿는지. 이 세 가지만 남아 있다면 아직 기회는 있습니다. 그러나 이 감각이 완전히 사라졌다면, 무작정 밀어붙이는 전략은 아이를 더 깊은 포기로 밀어 넣을 뿐입니다.

고등학교는 아이의 공부 인생에서 가장 냉정한 무대입니다. 하지만 동시에 부모의 역할이 마지막으로 결정되는 시기이기도 합니다.

이 시기까지 아이에게 공부를 다시 붙잡을 수 있는 감각을 남겨준 부모라면, 비록 지금 성적이 낮더라도 끝까지 갈 수 있는 아이를 만든 것입니다.

선행이 독이 되는 경우, 약이 되는 경우

'선행을 안 하면 뒤처질까 봐'라는 불안은 공부 전략이 아니라, 부모가 선택하는 가장 쉬운 도피처입니다

부모 상담을 하다 보면, 아이의 성적이 아직 크게 무너지지 않았음에도 불구하고 부모의 얼굴에는 이미 불안이 가득한 경우가 많습니다. 그 불안은 대개 비슷한 문장으로 표현됩니다. "원장님, 지금 선행을 안 하면 뒤처질까 봐 너무 불안해요." 이 말속에는 단순한 걱정 이상의 감정이 들어 있습니다.

아이의 현재 상태에 대한 불안, 다른 아이들과의 비교, 그리고 나중에 후회하고 싶지 않다는 조급함이 한꺼번에 얽혀 있습니다.

부모는 이 감정을 공부 전략으로 포장합니다. 선행하면 아이가 편해질 것 같고, 학교 수업이 쉬워질 것 같고, 자신감이 생길 것 같다는 기대를

품습니다.
그러나 현장에서 수많은 아이를 지켜본 사람의 관점에서 말하자면, 선행은 전략이 아니라 부모의 불안이 가장 쉽게 선택하는 도피처인 경우가 훨씬 많습니다. 공부는 불안을 잠재우는 도구가 될 수 없는데도, 부모는 그 역할을 공부에 떠넘기고 있습니다. 이 지점에서 선행은 아이를 위한 선택처럼 보이지만, 실제로는 부모의 불안을 달래기 위한 선택으로 변질하기 시작합니다.

선행이 '약'이 되는 아이는 이미 현재 학년을 자기 언어로 정리할 수 있는 아이입니다

선행이 약이 되는 경우는 분명 존재합니다. 다만 그 경우는 부모가 생각하는 것보다 훨씬 제한적입니다. 선행이 도움이 되는 아이들은 이미 현재 학년의 내용을 거의 완벽하게 자기 언어로 정리하고 있습니다. 단순히 문제를 맞히는 수준이 아니라, 개념의 흐름을 설명할 수 있고, 틀린 문제를 다시 만났을 때 회피하지 않고 접근할 수 있으며, 스스로 공부의 속도를 조절해본 경험이 충분히 누적되어 있습니다.

이런 아이들에게 선행은 부담이 아니라 확장의 기회가 됩니다. 이해되지 않는 부분을 만나도 당황하지 않습니다. 모르는 것이 드러나는 순간을 실패로 느끼지 않고, '여기가 비어 있구나'라는 정보로 받아들입니다. 다시 돌아올 수 있다는 감각이 이미 자리 잡았기 때문입니다.

그래서 이 아이들의 선행은 진도를 앞당기는 것이 아니라 사고의 폭을 넓히고, 학습의 지도를 넓히는 방식으로 작동합니다.

중요한 그것은 선행하느냐의 여부가 아니라, 선행이 들어갈 때 아이의 내부 구조가 이미 준비되어 있느냐입니다. 준비된 아이에게 선행은 '추가'가 되지만, 준비되지 않은 아이에게 선행은 '누적'이 아니라 '적체'가 됩니다. 이 차이가 선행의 성격을 완전히 갈라놓습니다.

선행이 '독'이 되는 아이는 기초가 비어 있는데도 겉으로는 앞으로 나아가는 아이입니다

그러나 이런 아이들은 생각보다 많지 않습니다. 실제 현장에서 선행을 하는 아이 중 상당수는 아직 현재 학년의 기초조차 완전히 정리되지 않은 상태입니다. 문제를 풀 수는 있지만 설명하지 못하고, 정답을 맞혀도 왜 맞았는지 말하지 못하며, 한 번 틀린 문제를 다시 만나면 전혀 다른 문제처럼 느끼는 아이들입니다.

이 상태에서 선행이 시작되면 아이의 머릿속에는 지식이 쌓이지 않습니다. 대신 이해되지 않은 개념들이 층층이 겹쳐지며, 불안과 피로가 함께 쌓이기 시작합니다.

선행이 독이 되는 이유는 단순히 내용이 어려워서가 아닙니다. 선행이 진짜로 위험한 이유는 아이의 공부 자존감을 서서히, 그러나 확실하게 무너뜨리기 때문입니다.

처음에는 "조금 어렵다"라는 느낌으로 시작하지만, 그다음에는 "나는 이해가 느린 편인가 보다"라는 생각으로 넘어가고, 시간이 지나면 "나는 아무리 해도 안 되는 애인가 보다"라는 결론으로 굳어집니다. 이 과정은 하루아침에 일어나지 않습니다. 선행이라는 이름으로 반복되는 좌절과 찜찜함이 아이의 마음속에서 조금씩 쌓이며 만들어집니다.

이때 아이는 겉으로는 공부를 계속하는 것처럼 보입니다. 문제집도 풀고 학원도 다니고 숙제도 해옵니다. 그러나 속에서는 공부를 '이해의 과정'이 아니라 '버텨야 하는 과정'으로 인식하기 시작합니다. 질문은 뒤처짐을 드러내는 행위가 되고, 틀리는 것은 피해야 할 일이 되며, 공부는 생각하는 일이 아니라 끝내야 하는 작업으로 변합니다. 이 상태가 가장 무서운 이유는 아이 스스로는 자신이 무너지고 있다는 사실을 정확히 인식하지 못한다는 데 있습니다.

현장에서 가장 자주 목격하는 장면은 이런 모습입니다. 부모는 "진도는 꽤 앞서 있다"라고 말하지만, 아이에게 기본 개념을 설명해보라고 하면 말이 막힙니다. 문제를 풀 때는 손이 움직이지만, 왜 그렇게 풀었는지는 설명하지 못합니다.
부모는 이 상황을 아이 성향 문제나 집중력 문제로 해석하지만, 실제로는 선행으로 인해 공부의 연결 고리가 끊어진 상태입니다. 이 연결이 끊어진 채로 시간이 흐르면, 중학교 후반이나 고등학교 초반에서 반드시 큰 벽을 만나게 됩니다.

'진도'가 아니라 '이해의 깊이와 회복 속도'를 기준으로 삼을 때, 선행은 비로소 의미를 갖습니다 이때 부모는 다시 불안해지고, 더 강한 선행이나 더 많은 학습량으로 문제를 해결하려 합니다. 그러나 이 선택은 아이를 살리는 것이 아니라 더 빠르게 지치게 만드는 선택입니다. 아이는 이미 이해하지 못한 내용을 또다시 이해하지 못한 상태로 넘기게 되고, 그때마다 자신에 대한 신뢰는 조금씩 깎여 나갑니다.

결국 아이는 공부를 열심히 하는 것처럼 보이지만 실제로는 공부와의 거리를 점점 벌리고 있습니다.

반대로 선행 없이도 안정적으로 성장하는 아이들을 보면 분명한 공통점이 있습니다. 이 아이들의 부모는 진도를 기준으로 삼지 않습니다. 이해의 깊이와 회복 속도를 기준으로 삼습니다.

오늘 몇 페이지를 나갔는지보다, 틀린 문제를 다시 보았는지, 질문을 회피하지 않았는지, 스스로 공부의 속도를 조절해본 경험이 있는지를 더 중요하게 봅니다. 이 기준 속에서 아이는 공부를 두려워하지 않게 됩니다.

이 아이들은 겉으로 보기에는 느려 보일 수 있습니다. 그러나 공부가 끊어지지 않습니다. 이해와 적용, 실패와 수정의 사이클이 자연스럽게 반복됩니다. 이 구조 속에서 아이는 공부를 '견딜 수 있는 일'로 받아들이게 됩니다.

그리고 바로 이 지점에서 선행이 들어가야 비로소 의미를 갖습니다. 이 상태의 선행은 아이를 무너뜨리지 않고 오히려 사고의 폭을 넓히는 역할을 합니다.

특히 고등학교로 갈수록 선행의 위험성은 기하급수적으로 커집니다. 고등학교 선행은 단순히 앞서 나가는 문제가 아니라, 아이의 한계를 조기에 고정할 수 있는 선택이 되기 때문입니다. 이해되지 않는 개념을 끌고 가는 시간이 길어질수록 아이는 자신이 감당할 수 있는 공부의 범위를 점점 좁게 설정합니다. 질문을 멈추고, 틀리는 것을 피하며, 결국 공부를 정서적으로 내려놓게 됩니다.

부모가 이 시점에서 "다들 이렇게 한다"라고 말하면 아이는 완전히 고립됩니다. 부모는 비교를 기준으로 삼고, 아이는 좌절을 기준으로 삼습니다. 이 틈이 커질수록 아이는 공부에서 멀어지고, 그거리만큼 다시 돌아오는 데는 더 많은 시간이 필요해집니다.

그래서 저는 부모에게 단호하게 묻습니다. 지금 선택하려는 선행이 아이의 이해를 넓히기 위한 선택입니까, 아니면 부모의 불안을 잠재우기 위한 선택입니까. 이 질문에 솔직하게 답하지 못한다면, 그 선행은 약이 아니라 독일 가능성이 훨씬 큽니다.

선행은 아이를 앞당기는 도구가 아니라, 아이의 현재 위치를 정확히 아는 부모만이 사용할 수 있는 도구입니다.

공부는 빠르게 가는 싸움이 아닙니다. 특히 입시는 더 그렇습니다. 끝까지 가는 아이는 가장 먼저 출발한 아이가 아니라, 가장 오래 버틸 수 있는 구조를 가진 아이입니다. 선행은 그 구조 위에서만 의미가 있습니다. 구조 없이 선택된 선행은 아이의 공부 인생을 앞당기는 것이 아니라 끝내는 선택이 됩니다.

학년별로 부모가 반드시 바꿔야 할 역할

부모의 역할은 아이의 성장과 함께 자동으로 유지되지 않습니다

부모가 가장 자주 착각하는 것 중 하나는, 아이가 성장해도 부모의 역할은 크게 달라지지 않는다고 믿는 것입니다. 아이의 키가 자라고 학년이 올라가도, 공부 앞에서의 부모 역할은 여전히 "지켜보고, 관리하고, 챙기는 사람"이라고 생각합니다. 지금까지 그래왔고, 그 방식으로 어느 정도 결과도 나왔기 때문에 굳이 바꿔야 할 이유를 느끼지 못합니다.

하지만 현장에서 수많은 아이를 지켜본 결과, 이 믿음은 아이의 공부를 가장 오랫동안 붙잡아두는 부모와 가장 빠르게 놓치게 만드는 부모를 갈라놓는 결정적인 분기점이 됩니다. 부모의 역할은 아이의 성장과 함께 자동으로 유지되지 않습니다. 오히려 의식적으로 바꾸지 않으면, 반드시 어긋나기 시작합니다.

공부는 학년이 올라갈수록 단순히 어려워지는 것이 아닙니다. 공부를 대하는 주체 자체가 바뀌어야 하는 영역입니다. 초등에서는 부모의 손을 잡고 가도 버틸 수 있지만, 중학교부터는 손을 놓지 않으면 넘어집니다. 고등학교에서는 손을 놓지 않는 순간, 아이는 스스로 걷는 법을 배우지 못합니다.

이 변화에 맞춰 부모의 역할이 함께 이동하지 않으면, 아무리 열심히 해도 아이는 반드시 어딘가에서 막히게 됩니다. 초등, 중등, 고등은 단순한 학년 구분이 아닙니다. 부모가 내려놓아야 할 것과 새롭게 가져야 할 기준이 완전히 달라지는 구간입니다. 이 전환을 놓치면, 부모의 선의는 아이에게 부담이 되고, 노력은 갈등으로 바뀝니다.

초등 시기의 부모는 '관리자'가 아니라 공부 감정을 설계하는 사람입니다

초등 시기의 부모 역할은 흔히 생각하듯 '관리자'가 아닙니다. 오늘 무엇을 했는지, 숙제는 끝냈는지, 몇 점을 맞았는지를 점검하는 사람이 아닙니다. 초등 공부에서 부모가 해야 할 가장 중요한 일은 아이를 앞당기는 것이 아니라, 공부라는 활동이 아이의 삶에서 어떤 감정으로 저장되도록 만들 것인지를 설계하는 것입니다.

이 시기의 아이는 공부의 의미를 이해하지 못합니다. 공부가 왜 필요한지, 지금의 노력이 미래와 어떻게 연결되는지 알지 못합니다. 공부는 목표도 아니고 전략도 아닙니다. 그저 부모와의 관계 속에서 반복되는 하나의 일상일 뿐입니다. 그래서 초등 공부는 아이의 머리에 남기보다, 감정에 먼저 남습니다.

이때 부모가 성적을 기준으로 아이를 평가하기 시작하면, 아이는 아주 빠르게 공부를 '사랑받기 위한 조건'으로 받아들이게 됩니다. 잘하면 분위기가 좋아지고, 못하면 공기가 달라지는 경험이 반복되면 아이는 공부를 즐기지 않습니다. 대신 눈치를 봅니다.

반대로 성적보다 태도와 과정을 먼저 바라보는 부모 밑에서 자란 아이는 공부를 '해볼 수 있는 일'로 인식합니다. 잘해도 들뜨지 않고, 못해도 무너지지 않습니다. 이 차이는 처음에는 거의 보이지 않지만, 시간이 흐를수록 극명해집니다.

초등 시기의 부모는 아이의 공부 실력을 키우는 사람이 아니라, 공부를 오래 가져갈 수 있는 마음의 체력을 키우는 사람이어야 합니다. 틀려도 괜찮았던 기억, 실패해도 다시 시도해볼 수 있었던 경험, 결과보다 과정이 먼저 인정받았던 순간들이 이 시기에 쌓입니다.

문제는 많은 부모가 이 역할을 초등에서 끝내지 못한다는 점입니다. 초등 시기에 효과를 봤던 관리 방식이 중학교, 고등학교까지 이어지면서 문제가 시작됩니다. 부모는 여전히 아이를 잡아끌고 있다고 생각하지만, 아이는 점점 더 무거워집니다.

중학교에서는 부모의 역할이 '관리자'에서 '조정자'로 바뀌어야 합니다

중학교에 들어서는 순간, 부모의 역할은 명확하게 바뀌어야 합니다. 이 시기부터 부모는 이제는 공부의 주체가 되어서는 안 됩니다. 중학교 공부는 양과 깊이 모두 초등과 비교할 수 없을 정도로 커집니다. 이때까지 부모가 모든 계획을 세워주고, 모든 결과에 반응해왔다면, 아이는 스스로 조절해본 경험이 거의 없는 상태입니다.

이 상태에서 중학교에 들어오면 어떤 일이 벌어질까요. 부모는 여전히 계획을 짜주고, 아이는 여전히 따라가려 합니다. 하지만 공부의 무게는 이미 부모 한 사람이 대신 관리해줄 수 있는 수준을 넘어섭니다. 이때부터 갈등이 시작됩니다.

중학교 시기의 부모 역할은 관리자가 아니라 조정자입니다. 아이가 스스로 선택하고 판단할 수 있도록 기준을 잡아주는 사람입니다. 이 기준은 '얼마나 했는가'가 아니라 '어떻게 다루는가'에 있습니다. 실패를 어떻게 설명하는지, 틀린 문제를 다시 보려는 태도가 있는지, 자신의 상태를 말로 표현할 수 있는지를 봐야 합니다.

중학교에서 무너지는 아이들의 상당수는 능력이 부족해서가 아닙니다. 부모가 여전히 초등의 방식으로 아이를 붙잡고 있었기 때문입니다. 이때 아이는 공부를 포기하는 것이 아니라, 부모와의 갈등을 피하려고 공부를 회피하는 선택을 하게 됩니다. 이 선택이 반복되면, 공부는 점점 아이의 삶에서 멀어집니다.

고등학교에서 부모는 개입자가 아니라 '판단의 거울'이 되어야 합니다

고등학교에 들어오면 부모의 역할은 또 한 번 급격하게 변해야 합니다. 이 시기부터 부모는 개입자가 아니라 판단의 거울이 되어야 합니다. 고등학교 공부는 구조적으로 부모가 대신해줄 수 없는 영역입니다. 아무리 많은 정보를 모아주고, 좋은 학원을 연결해주고, 공부 시간을 늘려도 아이가 스스로 책임지지 않으면 성과는 나오지 않습니다.

고등학교에서 뒤집을 수 있는 아이들의 공통점은 분명합니다. 어느 순간 부모가 한발 뒤로 물러났다는 점입니다. 완전히 손을 놓았다는 뜻이 아닙니다. 대신 결정의 책임을 아이에게 넘기고, 부모는 그 결정이 잘못되었을 때 다시 생각해볼 수 있도록 질문을 던지는 역할로 이동했습니다.

이 전환이 이루어지지 않으면, 아이는 끝까지 공부를 '부모의 프로젝트'로 인식하게 됩니다. 성적이 떨어지면 부모가 먼저 불안해하고, 부모가 먼저 해결책을 찾습니다. 이 구조 속에서 아이는 실패를 감당할 기회를 잃고, 다시 일어날 힘도 함께 잃게 됩니다.

고등학교에서 끝내 회복하지 못하는 아이들의 공통점은, 마지막까지 부모가 앞에 서 있다는 점입니다. 부모의 불안이 아이의 판단을 대신하고, 부모의 조급함이 아이의 속도를 밀어붙입니다. 이때 아이는 결국 공부를 내려놓습니다. 능력이 없어서가 아니라, 자기 공부가 아니라고 느끼기 때문입니다.

'어디까지 해야 하나요?'라는 질문에는 학년이 아니라 태도로 답해야 합니다

여기서 많은 부모가 묻습니다.

"그럼 도대체 어디까지 해야 하나요?"

이 질문은 무책임해지고 싶어서가 아닙니다. 기준을 잃었기 때문에 나옵니다. 그래서 저는 부모에게 이렇게 말합니다. 부모의 역할은 학년이 아니라 '아이의 태도'에 따라 바뀌어야 한다고 말입니다.

아이가 스스로 고민하고, 실패를 설명하고, 방향을 다시 잡으려는 태도가 있다면 부모는 더 물러나야 합니다. 반대로 아이가 완전히 회피하고, 감정적으로 무너져 있다면 부모는 다시 구조를 잡아줘야 합니다. 중요한 것은 개입의 양이 아니라 개입의 위치입니다.

이 기준 없이 "다 컸으니 알아서 해"라고 말하는 것도 방임이고, "아직 부족하니 내가 다 해줘야 한다"라고 생각하는 것도 과잉입니다. 부모가 학년별로 역할을 바꾸는 데 실패하면, 그 대가는 아이가 대신 치르게 됩니다. 공부를 오래 버티지 못하고, 실패 앞에서 쉽게 무너지고, 결국 자신을 포기하게 됩니다.

반대로 부모가 이 전환을 정확히 해낸 아이는, 비록 성적이 흔들리는 시기가 있어도 끝까지 공부를 붙잡고 갑니다. 이 아이는 성적보다 중요한 것을 이미 가지고 있기 때문입니다. 다시 설계할 수 있다는 감각, 실패를 견디는 힘, 그리고 자기 공부를 책임질 수 있다는 자각입니다.

그래서 저는 이 책을 통해 부모에게 묻고 싶습니다.

지금, 이 순간, 나는 여전히 아이의 공부를 대신 살아주고 있는가, 아니면 아이가 자기 공부를 살아갈 수 있도록 자리를 비켜주고 있는가. 이 질문에 대한 답이, 아이의 공부 인생을 결정합니다.

Part. 4

● ● ● ● ●

학원 원장이 알려주는 '진짜 공부 잘하는 아이'의 공부법

공부 잘하는 아이들의 공부법을 이야기하면, 많은 부모가 기대합니다. 특별한 문제집, 남들과 다른 노트 정리, 비밀스러운 암기법 같은 것을 말해주길 바랍니다. 하지만 현장에서 수많은 아이를 지켜본 결과, 그런 기대는 대부분 빗나갑니다. 성적이 오르는 아이들의 공부에는 생각보다 화려한 기술이 없습니다. 대신 절대 무너지지 않는 구조가 있습니다.

공부가 되는 아이와 안 되는 아이의 차이는 공부를 얼마나 오래 했느냐가 아니라, 어떤 순서와 어떤 사고 흐름으로 공부했느냐에 있습니다. 이 구조를 이해하지 못하면, 아무리 많은 시간을 투자해도 성적은 제자리에 머무릅니다. 반대로 이 구조를 갖춘 아이는 시간을 늘리지 않아도 성적이 움직이기 시작합니다.

성적이 오르는 아이들의 공부 루틴

성적이 오르는 루틴은 시간 관리가 아니라
'공부가 끊어지지 않는 구조'에서 시작됩니다

성적이 오르는 아이들의 공부 루틴을 이야기하면, 많은 부모는 자동으로 시간 관리부터 떠올립니다. 몇 시에 공부를 시작해야 하는지, 하루에 몇 시간을 채워야 하는지, 과목을 어떤 순서로 배치해야 하는지가 가장 중요한 문제처럼 느껴집니다. 그래서 시간표를 만들고, 타이머를 켜고, 하루 공부 시간을 조금씩 늘려보려 애씁니다.

물론 시간 관리는 중요합니다. 그러나 제가 현장에서 수없이 확인해온 사실은, 시간을 잘 관리한다고 해서 반드시 성적이 오르지는 않는다는 점입니다. 오히려 성적이 오르는 아이들은 시간을 관리하기 전에, 공부가 끊어지지 않도록 유지되는 구조를 먼저 가지고 있습니다.

공부가 안되는 아이들의 하루를 자세히 들여다보면, 루틴이 없는 경우는 거의 없습니다. 문제는 루틴이 너무 쉽게 깨진다는 데 있습니다. 어떤 날은 갑자기 열심히 하다가, 조금만 막히면 흐트러지고, 시험이 다가오면 몰아서 공부하며, 시험이 끝나면 며칠씩 완전히 내려놓습니다. 이 아이들은 늘 이렇게 말합니다.

"이번에는 진짜로 해볼게요."

하지만 이 말이 오래 가지 않는 이유는 의지가 약해서가 아닙니다. 공부가 다시 이어질 수 있는 구조가 처음부터 설계되어 있지 않기 때문입니다. 매번 '다시 시작'해야 하는 공부는, 시작할수록 점점 더 무거워집니다. 공부 자체보다, 시작하는 행위가 아이에게 가장 큰 부담이 되기 때문입니다.

성적이 오르는 아이들의 하루에는 '공부가 사라지는 날'이 거의 없습니다

반대로 성적이 오르는 아이들의 하루를 보면, 겉으로는 놀라울 만큼 평범합니다. 엄청난 계획표도 없고, 종일 책상에 붙어 있지도 않습니다. 그런데 이 아이들에게는 분명한 공통점이 있습니다. 공부가 완전히 사라지는 날이 거의 없다는 점입니다.

컨디션이 좋지 않은 날에도, 기분이 가라앉은 날에도, 공부 시간은 줄어들 수 있어도 공부 자체를 지워버리지는 않습니다. 문제를 몇 개 못 풀어도, 집중이 길지 않아도, 최소한의 연결 고리는 남겨둡니다. 이 차이는 하루 이틀에는 잘 보이지 않지만, 몇 주만 지나도 공부의 흐름을 완전히 갈라놓습니다.

부모가 가장 크게 오해하는 지점이 바로 여기입니다. 성적이 오르지 않으면, 공부량이 부족하다고 판단합니다. 그래서 시간을 늘리고, 문제를 더 풀게 하려 합니다. 그러나 실제 현장에서는 성적이 오르지 않는 이유의 상당수가 공부량 부족이 아니라 공부의 단절에서 비롯됩니다.

공부가 매번 끊어졌다가 다시 시작되는 구조에서는, 아무리 많은 시간을 투입해도 성과가 쌓이지 않습니다. 반대로 하루에 30분만 하더라도, 그 30분이 어제와 오늘, 오늘과 내일로 이어지는 구조라면 성적은 반드시 반응합니다. 공부는 양보다 연결의 문제이기 때문입니다.

성적이 오르는 루틴의 핵심은
'다시 시작하지 않아도 되는 흐름'입니다

성적이 오르는 아이들의 루틴은 늘 연결되어 있습니다. 어제의 공부가 오늘로 이어지고, 오늘의 실수가 내일의 정리로 이어집니다. 이 아이들은 매번 큰 결심을 하지 않습니다. 이미 공부의 흐름 안에 들어와 있기 때문입니다.

반면 공부가 안되는 아이들은 매번 큰 결심을 해야만 공부를 시작합니다.

"오늘은 꼭 해야지."

"이번 주부터는 진짜로."

이 말이 반복되는 집일수록, 공부는 점점 더 무거운 일이 됩니다. 시작 자체가 에너지를 너무 많이 요구하기 때문입니다. 그래서 공부를 잘하는 아이들의 루틴은 특별하지 않습니다. 대신 끊어지지 않습니다.

이 차이는 공부 실력의 차이가 아니라 구조의 차이입니다. 루틴이 있다는 것은 매일 같은 양을 공부한다는 뜻이 아닙니다. 공부를 다시 시작해야 할 이유가 없는 상태를 말합니다. 흐름 속에 있으면, 공부는 의지가 아니라 관성으로 이어집니다.

성적이 오르는 아이들은 '공부를 끝내는 방식'이 다릅니다

성적이 오르는 아이들의 루틴에서 가장 중요한 부분 중 하나는, 공부를 어떻게 끝내느냐입니다. 이 아이들은 하루를 마무리할 때, 늘 비슷한 감정으로 끝냅니다. 완벽하지 않더라도, "그래도 오늘 할 건 했다"라는 감각을 남깁니다.

이 감각이 쌓이면서, 다음 날 다시 책상에 앉는 힘이 만들어집니다. 반대로 부모가 매번 이렇게 묻는 순간,

"왜 이것밖에 못 했어?"

"이 정도로는 부족하지 않니?"

아이의 머릿속에는 오늘 한 것이 아니라, 하지 못한 것만 남습니다. 이 기억이 반복될수록, 아이는 공부를 시작하는 것 자체를 점점 더 어려워합니다. 공부가 끝나는 순간마다 패배감이 남기 때문입니다.

공부 루틴은 시작으로 만들어지는 것이 아니라, 마무리에서 유지됩니다. 오늘 공부를 어떻게 끝냈는지가, 내일 공부를 시작하는 힘을 결정합니다. 이 지점을 부모가 놓치면, 아무리 좋은 계획도 오래 가지 않습니다.

실패를 루틴 안에 넣는 아이만 성적이 오릅니다

성적이 오르는 아이들은 루틴 안에서 실패를 처리합니다. 오늘 틀린 문제는 '나는 안 된다'라는 증거가 아니라, 내일 다시 볼 자료로 남깁니다. 실패가 루틴을 깨지 않습니다. 오히려 루틴을 유지해야 할 이유가 됩니다.

이 구조는 아이 혼자 만들어내지 않습니다. 부모가 실패를 어떻게 해석하느냐가 그대로 아이에게 전달된 결과입니다. 틀렸을 때 부모가 실망과 조급함을 먼저 드러내면, 아이는 실패를 숨기기 시작합니다. 질문을 줄이고, 틀린 문제를 덮어두며, 공부에서 점점 멀어집니다.

반대로 부모가 실패를 과정으로 받아들이면, 아이는 틀린 문제 앞에서도 다시 앉을 수 있습니다. 이 차이가 결국 성적의 방향을 결정합니다. 성적이 오르는 아이는 실패가 적어서가 아니라, 실패가 루틴을 깨지 않기 때문에 오르는 것입니다.

공부가 '일상'이 되는 순간, 성적은 시간문제입니다

제가 현장에서 수없이 확인한 사실이 하나 있습니다. 성적이 오르기 시작한 아이들의 공통점은 공부 시간이 갑자기 늘어난 것이 아닙니다. 문제집이 바뀐 것도 아닙니다. 공부가 일상으로 자리 잡았다는 점입니다.
이 아이들은 어느 순간 이렇게 말합니다.

"안 하면 좀 찝찝해요."

이 말이 나오는 순간, 공부는 더는 특별한 일이 아닙니다. 해야 할 일도, 부담스러운 일도 아니라, 하지 않으면 어색한 일이 됩니다. 이 상태가 만들어지면, 성적은 시간문제입니다. 빠르지 않을 수는 있어도 방향은 절대 흔들리지 않습니다.

그리고 이 루틴을 만들어주는 핵심 역할은 언제나 부모의 기준입니다. 완벽을 요구하지 않고, 끊어지지 않는 흐름을 요구하는 기준 말입니다.

그래서 저는 부모에게 이렇게 말합니다.
공부 루틴을 만들고 싶다면, 아이에게 더 많은 시간을 요구하기 전에 아이의 하루에서 '완전히 포기하는 날'을 없애는 것부터 시작하라고 말입니다. 완벽하지 않아도 괜찮고, 느려도 괜찮습니다. 다만 끊어지지 않게 하십시오.

이 기준 하나만 지켜도, 아이의 공부는 다시 살아납니다.

● ● ● ● ●

문제집보다 중요한 공부 순서

부모가 가장 쉽게 빠지는 함정, '보이는 공부'만 기준으로 삼을 때

부모가 아이의 공부를 바라볼 때 가장 쉽게 빠지는 함정은, 공부를 '보이는 것'으로만 판단한다는 점입니다.

책상 위에 문제집이 펼쳐져 있는지, 연필이 움직이고 있는지, 오늘 몇 장을 풀었는지가 공부의 기준이 됩니다. 이 기준은 관리하기 쉽고, 부모 자신도 안심할 수 있으므로 거의 모든 집에서 자연스럽게 채택됩니다.

그러나 이 기준은 아이의 성적을 끌어올리기에는 지나치게 얕고, 아이의 공부를 오래 버티게 하기에는 지나치게 위험한 기준입니다. 문제는 부모가 이 기준이 잘못되었다는 사실을, 아이의 성적이 본격적으로 흔들린 뒤에야 깨닫는다는 데 있습니다.

초등 저학년 때는 이 방식으로도 어느 정도 버틸 수 있습니다. 문제집을 풀면 점수가 나오고, 반복하면 성과가 보입니다. 하지만 학년이 올라가고 문제의 성격이 바뀌는 순간부터 이 기준은 아이를 지탱하지 못합니다.

이때 부모는 더 많은 문제집, 더 어려운 문제, 더 빠른 선행으로 대응하려 하지만, 그 선택이 아이의 공부를 더 깊은 수렁으로 밀어 넣는 경우를 저는 수없이 보아왔습니다.

공부의 핵심은 문제집이 아니라, 아이 머릿속에서 흐르는 '순서'입니다

공부의 핵심은 문제집이 아닙니다. 공부의 핵심은 순서입니다.

이 순서란 단순히 '이 단원을 먼저 하고 저 단원을 나중에 한다'라는 의미가 아닙니다. 아이의 머릿속에서 이해가 어떤 경로로 쌓이고, 실패가 어떤 방식으로 처리되며, 다음 시도로 어떻게 이어지는지를 결정하는 내부 흐름입니다. 이 흐름이 바로 서 있지 않으면, 아무리 많은 문제집도 아이를 앞으로 데려가지 못합니다.

공부가 안되는 아이들의 공통된 특징은, 공부가 늘 '중간'에서 시작된다는 점입니다. 이해의 출발점이 아니라 결과의 중간에서 문제를 만납니다. 그래서 아이는 항상 불안합니다.

이 문제가 왜 여기 있는지, 내가 이걸 풀 자격이 있는지, 지금 막히는 게 정상인지 아닌지를 판단하지 못합니다.

이런 상태에서 푸는 문제는 공부가 아니라 소모에 가깝습니다. 손은 움직이지만, 머릿속에는 아무것도 쌓이지 않습니다.

순서가 무너진 공부는 아이를 '생각하지 않는 학습자'로 만듭니다

현장에서 제가 가장 자주 마주치는 장면이 있습니다. 아이는 분명 문제집을 열심히 풀고 있습니다. 부모도 그렇게 믿고 있습니다. 하지만 질문을 바꿔보는 순간 상황은 완전히 달라집니다.

"이 문제에서 가장 중요한 개념이 뭐야?"

이 질문 앞에서 아이는 말이 막힙니다. 풀이를 본 기억은 있지만, 왜 그렇게 풀어야 하는지는 설명하지 못합니다.

이 아이가 게으른 것도 아니고, 집중력이 부족한 것도 아닙니다. 공부의 순서가 무너진 상태에서 계속 앞으로만 밀려왔을 뿐입니다.

이 상태가 위험한 이유는, 아이가 점점 '생각하는 공부'를 포기하게 된다는 데 있습니다. 문제를 만나면 먼저 이해하려 하지 않고, 바로 풀이를 떠올리려 합니다. 안 떠오르면 찍거나 넘어갑니다.

이 습관이 굳어지면, 학년이 올라갈수록 격차는 눈덩이처럼 커집니다. 고학년의 공부는 기억이 아니라 사고를 요구하기 때문입니다.

성적이 오르는 아이들은 '문제보다 먼저 질문하는 순서'를 밟습니다

성적이 오르는 아이들은 전혀 다른 순서를 밟습니다. 이 아이들은 문제를 풀기 전에 스스로 묻습니다.

"이 문제는 어떤 개념을 묻고 있는가."

이 질문이 습관처럼 자리 잡은 아이는, 문제가 어려워도 쉽게 무너지지 않습니다. 왜냐하면 이해의 출발점으로 다시 돌아갈 수 있기 때문입니다. 이 돌아올 수 있는 지점이 있다는 사실이, 아이를 끝까지 버티게 합니다.

이 아이들의 문제집에는 흔적이 남습니다. 정답보다 흔적이 많습니다. 왜 틀렸는지, 어디서 막혔는지, 무엇을 다시 봐야 하는지가 문제 옆에 남아 있습니다. 이 흔적은 아이가 공부를 '소비'한 것이 아니라 '쌓고 있다'라는 증거입니다. 이런 공부는 시간이 지나도 사라지지 않습니다.

문제집을 바꾸는 순간, 부모는 아이의 공부 책임을 흔들고 있을지도 모릅니다

부모가 문제집을 자주 바꾸는 이유는 대부분 같습니다. 지금 쓰는 문제집이 아이에게 맞지 않는 것 같아서입니다. 하지만 실제로는 문제집이 맞지 않는 경우보다, 아이의 공부 순서가 준비되지 않은 경우가 훨씬 많습니다.

문제집을 바꾸는 순간, 아이는 또 하나의 메시지를 받습니다.

"지금 안 되는 건 네가 아니라 교재 탓이야."

이 메시지는 단기적으로는 아이를 위로할 수 있습니다. 그러나 장기적으로는 아이의 공부 책임감을 무너뜨립니다. 아이는 자신의 공부를 점검하기보다, 다음 교재를 기다리게 됩니다.

성적이 오르는 아이들의 부모는 이 지점에서 선택이 다릅니다. 문제집을 바꾸기보다, 아이가 어느 단계에서 막히는지를 먼저 봅니다. 개념이 비어 있는지, 기본 문제가 흔들리는지, 응용에서 무너지는지를 확인합니다. 그리고 그 단계로 과감하게 되돌아갑니다. 이 '되돌아감'을 실패로 취급하지 않기 때문에, 아이는 다시 시작할 수 있습니다.

공부 순서는 아이의 자존감과 직결됩니다

공부 순서가 중요한 이유는, 이것이 아이의 자존감과 직결되기 때문입니다. 순서가 맞는 공부에서는 실패가 곧 좌절로 이어지지 않습니다.

"아직 여기까지는 준비가 안 됐구나."라는 판단으로 정리됩니다.

그러나 순서가 무너진 공부에서는 작은 실패도 곧바로 "나는 안 된다"라는 결론으로 직행합니다. 이 차이는 아이의 태도를 완전히 갈라놓습니다.

성적이 오르는 아이들은 문제 앞에서 오래 머무를 수 있습니다. 빨리 넘기지 않고, 다시 생각하고, 다시 돌아옵니다. 이 태도는 타고난 성격이 아닙니다. 부모가 공부의 순서를 존중해주었기 때문에 만들어진 결과입니다.

많이 하는 공부인가,
제대로 쌓이는 공부인가?

부모가 반드시 스스로 던져야 할 질문이 있습니다.
지금 나는 아이에게 '많이 하는 공부'를 요구하고 있는가, 아니면 '제대로 쌓이는 공부'를 허락하고 있는가.

이 질문에 대한 답이 바뀌지 않으면, 아무리 노력해도 결과는 바뀌지 않습니다. 공부의 순서를 무너뜨리는 말 한마디가, 아이의 몇 년을 무너뜨릴 수 있기 때문입니다.

공부는 문제를 많이 푼 사람이 이기는 싸움이 아닙니다.
올바른 순서로 이해를 반복한 사람이 끝까지 살아남는 싸움입니다.
그리고 그 순서를 지켜줄 수 있는 유일한 사람은, 아직 기준을 세우기 어려운 아이가 아니라 부모입니다.

부모가 문제집의 양보다 순서를 먼저 보기 시작하는 순간, 아이의 공부는 서서히 방향을 되찾습니다. 당장 점수가 오르지 않을 수는 있습니다. 하지만 방향이 맞았다면, 결과는 반드시 따라옵니다. 이것은 이론이 아니라, 수많은 아이의 실제 결과로 이미 증명된 사실입니다.

●●●●●

오답 노트보다 중요한 사고 과정

오답 노트가 부모에게 주는 '안도감'과 아이에게 남기는 '착각'

부모가 아이의 공부를 관리하면서 가장 열심히 시키는 것 중 하나가 오답 노트입니다. 틀린 문제를 다시 정리하면 공부를 제대로 하는 것처럼 보이고, 노력의 흔적이 눈에 남기 때문입니다. 종이에 남는 기록은 부모에게 일종의 안도감을 줍니다. 눈에 보이지 않는 이해와 사고의 세계를 대신해, "그래도 이만큼은 했다"라는 증거를 제공해주기 때문입니다.

그래서 많은 부모가 오답 노트를 성실함의 기준으로 삼습니다. 오답 노트를 꾸준히 쓰고 있다면, 아이가 공부를 대충하고 있는 것은 아니라는 마음의 위안을 얻게 됩니다.

하지만 현장에서 수많은 아이를 장기간 지켜본 사람으로서 분명히 말씀드릴 수 있는 사실이 있습니다. 오답 노트를 열심히 쓰는 것과 성적이 오르는 것은 전혀 같은 이야기가 아니라는 점입니다. 실제로 성적이 정체되어 있거나 오히려 하락하는 아이 중 상당수는 오답 노트를 가장 성실하게 씁니다.

노트는 깔끔하고, 풀이도 빠짐없이 적혀 있으며, 다시 확인한 흔적도 남아 있습니다. 부모가 보기에는 "이 정도면 충분히 노력하고 있다"라고 판단할 만합니다. 그런데도 성적은 거의 움직이지 않습니다.

이 지점에서 부모의 불안은 더 커집니다. "이렇게까지 하는데 왜 안 오르지?"라는 질문이 반복되면서, 부모는 아이의 태도를 의심하거나 방법을 더 바꾸려 합니다. 아이는 노력해도 결과가 나오지 않는 경험을 반복하면서 점점 지쳐갑니다. 이 과정이 길어질수록 아이의 머릿속에는 하나의 위험한 생각이 자리 잡습니다.

'나는 노력해도 안 되는 아이일지도 모른다'라는 생각입니다. 그리고 이 생각이 자리 잡는 순간, 공부는 실력 싸움이 아니라 감정싸움으로 변합니다.

여기서 반드시 짚고 넘어가야 합니다. 오답 노트가 문제인 것이 아닙니다. 오답 노트를 쓰면서도 성적이 안 오르는 이유는 따로 있습니다. 오답 노트가 사고를 바꾸지 못하고, 정답만 정리해주는 도구로 끝나기 때문입니다.

아이가 틀리는 진짜 원인은 '정답'이 아니라 '정답 이전의 사고 흐름'에 있습니다

아이들이 문제를 틀릴 때, 그 원인은 언제나 정답 이전에 존재합니다. 계산 실수, 개념 혼동, 조건 오해, 문제 해석 오류, 혹은 너무 빠른 결론. 때로는 문제를 제대로 읽지 않았고, 때로는 읽었지만 자기 방식대로 해석해 버렸으며, 때로는 알 것 같다는 착각 속에서 확인 과정을 생략했습니다. 이 모든 것은 '틀린 결과'가 아니라 틀린 사고의 흐름에서 비롯됩니다.

그런데 대부분의 오답 노트는 이 흐름을 기록하지 않습니다. 아이는 틀린 문제를 보자마자 해설을 찾고, 해설을 따라 적으며, "아, 이렇게 푸는 거였구나"라고 말합니다. 이 순간 아이는 이해했다고 느낍니다. 그러나 실제로 바뀐 것은 사고가 아니라 정답의 위치뿐입니다. 사고의 출발점은 그대로 둔 채, 도착지만 바꿔놓은 상태입니다. 그래서 다음번 비슷한 문제를 만나면 아이는 다시 같은 지점에서 막힙니다.

이 장면이 반복되면 아이의 머릿속에는 아주 위험한 인식이 쌓입니다. 문제를 풀 때 스스로 생각하는 과정이 중요하다는 인식보다, "틀리면 답을 보면 된다"라는 인식이 먼저 자리 잡습니다. 처음에는 효율적인 공부처럼 보이지만, 이 인식은 학년이 올라갈수록 아이를 무너뜨립니다. 고학년의 공부는 '정답을 아는가'가 아니라 '판단을 제대로 하는가'를 묻기 때문입니다.

결국 문제는 단순합니다. 아이는 오답 노트를 쓰면서도, 자신의 사고를 점검하지 않았습니다. 정답은 옮겼지만, 자기 머릿속에서 어떤 선택을 했는지는 한 번도 들여다보지 않았습니다. 그러니 성적이 오를 리가 없습니다. 시험은 정답을 외우는 싸움이 아니라, 매 순간 판단을 누적하는 싸움이기 때문입니다.

성적이 오르는 아이들은 오답을 '정답 복사'가 아니라 '사고 해부'로 다룹니다

성적이 오르는 아이들의 오답은 전혀 다른 방식으로 다뤄집니다. 이 아이들은 오답을 정리하기 전에 반드시 자기 생각을 먼저 꺼냅니다. "나는 왜 이 문제를 이렇게 읽었는지", "어디까지는 맞았고 어디서부터 어긋났는지", "내가 처음에 세운 가정이 무엇이었는지"를 스스로 되짚어봅니다.

이 과정은 느리고 불편합니다. 그래서 대부분 아이는 본능적으로 이 과정을 피하려 합니다. 하지만 바로 이 불편함을 견디는 아이들만이 사고를 바꿉니다. 오답의 핵심은 '다시 풀기'가 아니라, '내가 왜 그 선택을 했는지 밝혀내기'입니다.

여기서 부모가 흔히 하는 실수는 이렇습니다. 아이가 오답을 붙잡고 오래 고민하면, 부모는 답답해집니다. 그리고 이렇게 말합니다. "그냥 풀이 보고 이해하면 되지 왜 그렇게 오래 붙잡고 있어?" 이 말은 겉으로는 효율을 말하는 것 같지만, 아이에게는 아주 강한 메시지로 남습니다. 공부에서는 깊이보다 속도가 중요하다는 메시지입니다.

이 메시지가 반복되면 아이는 점점 더 빨리 문제를 넘기고, 점점 더 깊이 생각하지 않게 됩니다. 그리고 어느 순간, 아이 자신도 왜 성적이 흔들리는지 설명하지 못하게 됩니다. 이유는 단순합니다. 아이의 공부가 '생각의 수정'이 아니라 '정답의 수집'이 되어버렸기 때문입니다.

성적이 오르는 아이들은 오답을 복구하지 않습니다. 오답을 분해합니다. "내가 놓친 조건은 무엇인지", "내가 단정한 부분이 어디인지", "내가 확인을 생략한 지점이 어디인지"를 찾아냅니다. 그리고 다음에는 똑같이 틀리지 않기 위해 '정답'을 외우는 것이 아니라, '판단의 순서'를 바꿉니다. 이게 사고 과정의 변화입니다. 이 변화가 생기면 오답은 자연스럽게 줄어듭니다.

사고 과정은 '노트'보다 '말'에서 자랍니다

오답 노트가 진짜 의미가 있으려면, 아이는 반드시 한 번은 자신의 사고를 언어로 꺼내야 합니다. 말로 설명하지 못하는 이해는 시험장에서 다시 무너집니다. 그래서 성적이 오르는 아이들의 오답 정리는 노트보다 대화에서 더 많이 이루어집니다.

부모가 "이 문제에서 네가 처음에 어떤 판단을 했는지 말해볼래?"라고 묻고, 아이가 더듬더듬 자기 생각을 설명하는 그 시간이 바로 사고가 자라는 시간입니다. 이 시간은 눈에 보이지 않고, 즉각적인 점수로 이어지지 않기 때문에 부모가 흔들리기 쉽습니다. 그러나 이 시간을 통과한 아이와 그렇지 않은 아이의 격차는 몇 달 뒤, 몇 년 뒤에 분명하게 드러납니다.

사고 과정이 바뀐 아이는 문제를 대하는 태도부터 달라집니다. 예전에는 문제를 보자마자 답을 떠올리려 했다면, 이제는 문제를 읽고 잠시 멈춥니다. 무엇을 묻는지, 어떤 조건이 핵심인지, 지금 자신이 확실하게 알고 있는 것이 무엇인지부터 정리합니다.

이 습관이 만들어진 아이는 시험장에서 쉽게 무너지지 않습니다. 낯선 문제가 나와도 "모르는 문제"라고 단정하지 않고, 다뤄볼 수 있는 문제로 인식하기 때문입니다.

반대로 사고 과정을 다뤄본 적 없는 아이는 시험장에서 매우 취약합니다. 비슷한 문제는 풀 수 있지만, 조금만 변형되면 머릿속이 하얘집니다. 이때 아이는 실력이 부족해서 무너지는 것이 아니라, 사고의 기준점이 없어서 무너지는 것입니다. 이 차이는 평소 오답을 어떻게 다뤄왔는지에서 비롯됩니다.

부모가 바꿔야 할 질문, '몇 페이지?'에서 '무슨 생각이 바뀌었니?'로

부모가 반드시 바꿔야 할 기준은 분명합니다. 오답 노트를 얼마나 썼는지가 아니라, 아이의 생각이 얼마나 달라졌는지를 봐야 합니다. "몇 페이지 썼어?"라는 질문 대신, "이번에 네가 새롭게 알게 된 생각은 뭐야?"라고 묻는 순간, 오답은 숙제가 아니라 성장의 재료가 됩니다.

이 질문이 반복되는 집에서 아이는 틀림을 두려워하지 않게 됩니다. 틀림이 곧 실패가 아니라, 사고를 고칠 기회라는 인식이 자리 잡기 때문입니다. 공부에서 진짜 실력은 정답을 많이 아는 것이 아니라, 틀린 생각을 수정하는 힘입니다.

이 힘은 단기간에 만들어지지 않습니다. 오답을 정면으로 바라보고, 자신의 사고를 꺼내고, 다시 고쳐보는 경험이 누적되어 만들어집니다.

그래서 오답 노트는 깔끔할 필요가 없습니다. 완성될 필요도 없습니다. 대신 사고의 흔적이 남아 있어야 합니다. "내가 왜 이렇게 생각했는지", "내가 어디에서 건너뛰었는지", "다음에는 무엇을 먼저 확인할지" 같은 흔적 말입니다. 그 흔적이 쌓인 아이는 시간이 걸릴 뿐, 반드시 성적이 오릅니다.

결론: 오답을 줄이려 하지 말고, 사고를 바꾸십시오

이 장에서 부모에게 드리고 싶은 메시지는 단 하나입니다. 오답을 줄이려고 애쓰지 마십시오. 대신 사고를 바꾸십시오. 오답은 줄이려고 줄어드는 것이 아니라, 사고가 바뀌면 자연스럽게 사라집니다.

정답을 많이 외운 아이가 강해지는 것이 아니라, 틀린 판단을 고칠 줄 아는 아이가 끝까지 살아남습니다. 이 기준이 잡히는 순간, 아이의 공부는 비로소 다음 단계로 넘어갈 준비를 마치게 됩니다.

다음 장에서는 이 사고 과정과 루틴, 순서가 갖춰진 아이들이 어떻게 시간을 '쌓이는 시간'으로 바꿔 성적을 올리는지, 즉 공부 시간을 늘리지 않고 성적을 올리는 법을 더 구체적으로, 더 현실적으로 다루겠습니다.

공부 시간을 늘리지 않고 성적을 올리는 법

"시간을 늘려야 할까요?"라는 질문에 숨겨진 부모의 전제

부모 상담을 하다 보면 반드시 반복되는 질문이 있습니다. 이 질문은 겉으로는 방법을 묻는 질문처럼 보이지만, 실제로는 부모의 불안이 가장 솔직하게 드러나는 질문입니다.

"원장님, 공부 시간을 더 늘려야 할까요?"

"요즘 아이가 하는 양이 너무 적은 것 같아서요."

"남들보다 뒤처지는 건 아닐지 걱정이 돼서요."

이 질문을 던지는 부모의 표정에는 공통점이 있습니다. 아이를 위하는 마음이 분명히 담겨 있지만, 그 안에는 이미 하나의 전제가 깔려 있습니다. 공부가 부족한 이유는 시간이 부족하기 때문일 것이라는 전제입니다. 이 전제가 자리 잡는 순간, 부모의 모든 선택은 자연스럽게 한 방향으로 흘러갑니다. 시간을 늘려야 한다는 방향입니다.

그래서 부모는 방법을 묻는 것처럼 보이지만, 사실은 확인을 받고 싶어 합니다. "지금보다 더 시키는 게 맞다"라는 말, "조금 더 늘리면 괜찮아질 거다"라는 말을 듣고 싶어 합니다. 그 말을 들으면 마음이 잠시 놓이기 때문입니다. 하지만 바로 이 지점이, 아이의 공부가 가장 쉽게 망가지는 출발점입니다.

'책상에 앉아 있는 시간'과
'사고가 작동하는 시간'은 다릅니다

저는 이 질문을 받을 때마다 거의 반사적으로 되묻습니다.

"지금 아이가 보내고 있는 시간이 정말로 공부 시간이라고 생각하십니까?"

이 질문을 들은 부모는 잠시 말을 멈춥니다. 그리고 곧 이런 표현들이 이어집니다.

"책상에는 앉아 있어요."
"숙제는 하고 있어요."
"문제집은 펴놓고 있긴 해요."

이 대답 속에는 부모가 놓치고 있는 가장 중요한 기준이 들어 있습니다. 앉아 있는 시간과 사고가 작동하는 시간은 전혀 다르다는 사실입니다. 아이의 몸이 책상 앞에 있는 것과 아이의 머리가 문제 안에 들어가 있는 것은 완전히 다른 이야기입니다.

성적이 오르지 않는 아이들의 하루를 자세히 들여다보면, 공부 시간이 절대적으로 부족해서 문제가 되는 경우는 거의 없습니다. 오히려 그 반대입니다. 공부 시간이 길수록, 사고는 흐트러지고, 집중은 잘게 쪼개지며, 공부는 점점 '견뎌야 하는 시간'으로 변해갑니다. 문제를 풀다가 멈추고, 연필을 굴리고, 창밖을 보고, 다시 문제를 읽고, 또 멈춥니다. 이 시간은 공부 시간으로 기록되지만, 아이의 뇌에는 거의 남지 않습니다.

부모는 이 시간을 모두 공부 시간으로 계산합니다. 하지만 아이의 뇌는 그렇게 계산하지 않습니다. 아이의 뇌는 이 시간을 "사고를 쓰지 않은 시간"으로 저장합니다.
그래서 하루에 네 시간, 다섯 시간을 공부해도 아이는 이상할 정도로 크게 지치지 않습니다. 사고를 거의 사용하지 않았기 때문입니다.

성적이 오르는 아이들은 '오래'가 아니라 '끊기지 않게' 공부합니다

공부 시간을 늘리지 않고 성적이 오르는 아이들의 공통점은 명확합니다. 이 아이들은 공부를 오래 하지 않습니다. 대신 공부가 끊기지 않게 합니다.

한 문제를 풀더라도, 그 문제를 푸는 동안 사고의 흐름이 계속 이어집니다. 문제를 읽고, 조건을 해석하고, 접근 방법을 정하고, 계산하고, 결과를 검토하는 과정이 하나의 흐름으로 연결됩니다. 이 흐름이 유지되는 시간이 바로 '진짜 공부 시간'입니다.

반대로 공부 시간이 길어도 성적이 오르지 않는 아이들은 이 흐름이 계속 끊깁니다. 문제를 읽다가 멈추고, 풀다가 멈추고, 정답을 확인하자마자 바로 다음 문제로 넘어갑니다. 사고의 시작과 끝이 연결되지 않습니다. 이런 공부는 아무리 오래 해도 실력으로 쌓이지 않습니다. 쌓이는 것은 피로와 회피 감정뿐입니다.

여기서 부모가 반드시 버려야 할 착각이 하나 있습니다. 시간을 늘리면 언젠가는 익숙해질 것이라는 착각입니다. 익숙해지는 것은 시간의 길이가 아니라 사고의 방식입니다. 사고 없이 흘려보내는 시간은 아무리 반복해도 사고를 키우지 않습니다. 오히려 아이에게 "공부는 오래 붙잡고 있어야 하는 고통스러운 일"이라는 인식만 심어줍니다.

공부 시간을 늘리는 말이
아이의 사고를 끊는 순간

성적이 오르는 아이들의 공부에는 분명한 구조가 있습니다. 공부를 시작하기 전에 무엇을 할지 알고 있고, 공부하는 동안 무엇에 집중해야 하는지 알고 있으며, 공부를 마친 뒤 무엇을 확인해야 하는지 알고 있습니다.

하지만 부모가 이 구조를 이해하지 못하면, 아이에게 계속 시간을 요구하게 됩니다.

"조금만 더 해."
"이것까지만 하고 쉬어."
"아직 남았잖아."

이 말들은 아이를 부지런하게 만드는 말처럼 들리지만, 실제로는 아이의 공부를 점점 더 흐리게 만듭니다. 아이는 목표 없이 시간을 채우는 법만 배우게 됩니다. 그러다 어느 순간부터, 공부 시간 자체를 싫어하게 됩니다. 공부가 실력을 키우는 시간이 아니라, 감정을 소모하는 시간이 되기 때문입니다.

시간을 줄이는 것이 아니라, 공부를 '구간'으로 재설계하는 일

공부 시간을 늘리지 않고 성적을 올리는 가장 현실적인 방법은, 아이의 공부 시간을 구간 단위로 재설계하는 것입니다. 무작정 오래 앉아 있게 하는 것이 아니라, 사고가 유지될 수 있는 길이로 공부를 끊어주는 것입니다.

이 구간 안에서는 휴대전화도, 간식도, 대화도 없습니다. 대신 사고만 있습니다. 그리고 이 구간이 끝나면 반드시 멈춥니다. 이 멈춤이 있어야 다음 구간에서 사고가 다시 살아납니다.

이 방식에 익숙해진 아이는 점점 달라집니다. 공부를 시작할 때 망설이지 않고, 공부 중에 멍해지는 시간이 줄어들며, 공부를 끝낸 뒤에는 "오늘은 여기까지면 충분하다"라는 기준이 생깁니다. 이 기준이 생긴 아이는 더는 공부 시간에 끌려다니지 않습니다. 스스로 공부를 관리하기 시작합니다.

부모에게 필요한 것은 '더 시키는 용기'가 아니라 '줄일 수 있는 용기'

부모가 가장 두려워하는 순간은 바로 이 지점입니다.

"이렇게 적게 공부해도 괜찮을까?"

하지만 이 불안을 견디지 못하고 다시 시간을 늘려버리면, 아이의 공부는 다시 흐트러집니다. 그래서 이 장에서 부모에게 가장 강하게 말씀드리고 싶은 말은 이것입니다. 아이의 공부 시간을 늘리는 용기보다, 줄일 수 있는 용기가 더 필요하다는 사실입니다.

공부 시간을 줄인다는 것은 아이를 방치하겠다는 뜻이 아닙니다. 오히려 더 정밀하게 관리하겠다는 뜻입니다. 사고가 작동하는 시간만 남기고, 나머지를 과감하게 덜어내겠다는 선언입니다. 이 결정을 할 수 있는 부모만이, 아이의 공부를 다음 단계로 올려놓을 수 있습니다.

성적은 '시간의 총합'이 아니라 '사고가 살아 있었던 시간의 총합'입니다

성적은 시간의 총합으로 만들어지지 않습니다. 사고가 살아 있었던 시간의 총합으로 만들어집니다. 이 기준을 이해하는 순간, 부모의 개입 방식은 완전히 달라집니다. 이제는 "얼마나 했니"를 묻지 않고, "오늘 어떤 생각을 했니"를 묻게 됩니다. 그리고 바로 그 질문이, 아이의 공부를 바꿉니다.

이 장을 덮을 때, 부모가 반드시 하나는 내려놓았으면 합니다. 공부 시간에 대한 집착입니다. 그리고 하나는 새로 가져갔으면 합니다. 사고가 작동하고 있는지를 보는 눈입니다. 이 눈을 갖게 되는 순간, 부모는 아이의 공부를 불안으로 관리하지 않게 됩니다. 기준으로 관리하게 됩니다.

다음 장에서는, 이렇게 사고·순서·시간 구조가 잡힌 아이들이 왜 상위권으로 갈수록 더 격차를 벌리는지, 상위권 아이들의 공부 습관은 무엇이 근본적으로 다른지를 지금보다 더 냉정하고, 더 현실적으로 풀어내겠습니다.

상위권 아이들의 공부 습관은 무엇이 다른가?

상위권은 타고나는 것이 아니라, 선택이 누적된 결과입니다

많은 부모가 상위권 아이들을 떠올릴 때 가장 먼저 그려보는 장면이 있습니다. 책상에 오래 앉아 있고, 문제집을 많이 풀며, 스스로 계획을 세워 공부하는 모습입니다. 그래서 부모들은 이렇게 말합니다.

"저 아이는 원래 공부를 좋아하는 아이예요."
"원래 성실한 성향이잖아요."
"저런 아이는 타고난 거죠."

하지만 현장에서 수많은 상위권 아이들을 지켜본 사람으로서 분명히 말씀드릴 수 있는 사실이 있습니다. 상위권 아이들의 공부 습관은 성향이 아니라, 아주 구체적인 선택의 누적 결과라는 점입니다.

실제로 상위권 아이 중 상당수는 처음부터 눈에 띄는 아이들이 아니었습니다. 초등 시절에는 평범했고, 중학교 초반까지도 상위권과는 거리가 있었던 아이들이 어느 시점부터 성적이 안정되기 시작합니다. 그리고 한 번 올라간 뒤에는 쉽게 흔들리지 않습니다.

이 아이들을 자세히 들여다보면, 문제집의 양이나 공부 시간보다 훨씬 중요한 공통점이 하나 보입니다. 공부를 대하는 기준이 또렷하다는 점입니다.

상위권 아이들은 '얼마나 할까'가 아니라 무엇을 분명히 할까'를 먼저 생각합니다

상위권 아이들은 공부를 시작할 때부터 다릅니다.
"오늘 몇 시간 할까?"를 먼저 생각하지 않습니다.
대신 이렇게 묻습니다.

"오늘 이 공부를 통해 무엇을 분명히 만들 것인가."

이 차이는 아주 작아 보이지만, 시간이 쌓일수록 엄청난 격차를 만들어냅니다. 기준이 없는 공부는 시간이 지나도 방향이 흔들립니다. 반면 기준이 있는 공부는 양이 적어도 점점 단단해집니다.

그래서 상위권 아이들의 공부는 늘 선명합니다. 오늘 공부가 끝났을 때, 무엇이 남아야 하는지를 알고 시작하기 때문에, 공부 중에 길을 잃지 않습니다. 반대로 성적이 흔들리는 아이들은 늘 비슷한 말을 합니다.

"뭘 했는지는 잘 모르겠어요."

"일단 풀긴 했는데요."

이 차이가 바로 성적의 방향을 가릅니다.

모르는 것을 숨기지 않는 습관이 실력을 키웁니다

상위권 아이들의 또 다른 공통점은 모르는 것을 숨기지 않는 습관입니다.

대부분 아이는 모르는 것을 부끄러워합니다. 틀리는 것을 실패로 인식합니다. 그래서 질문을 미루고, 대충 넘어가고, "나중에 보면 알겠지"라는 말로 자신을 설득합니다. 이 선택이 반복될수록, 아이의 공부는 점점 얕아집니다.

반면 상위권 아이들은 모르는 것을 위험 신호로 받아들입니다. 이해되지 않는 지점이 생기면 그대로 넘기지 않습니다. 그 자리에서 멈추고, 다시 확인하고, 질문을 합니다.

이 습관은 용기에서 나오는 것이 아닙니다. 틀려도 괜찮았던 경험의 누적에서 만들어집니다. 그리고 이 지점에서 부모의 역할이 결정적으로 드러납니다.

상위권 아이들의 부모는 아이가 모른다고 말했을 때 얼굴이 먼저 굳지 않습니다.
"그걸 아직도 몰라?" 대신
"어디까지는 괜찮고, 어디부터 헷갈려?"라고 묻습니다.

이 질문 하나가 아이에게 아주 중요한 메시지를 줍니다.
모르는 것은 숨겨야 할 것이 아니라, 다뤄야 할 대상이라는 메시지입니다.
이 메시지를 받은 아이는 공부 앞에서 점점 솔직해집니다. 그리고 이 솔직함이 결국 실력을 키웁니다.

상위권 아이들은 공부를 '하다가' 끝내지 않고, '정리하며' 끝냅니다

상위권 아이들의 공부 습관에서 또 하나 눈에 띄는 차이는 공부를 끝내는 방식입니다.

많은 아이가 공부를 '하다가 끝냅니다'. 시간이 다 돼서, 지쳐서, 부모의 호출로 갑자기 멈춥니다. 하지만 상위권 아이들은 공부를 '정리하며 끝냅니다'.

오늘 공부에서 확실해진 것, 아직 불안한 것, 다음에 다시 볼 것들을 머릿속에 정리하고 자리를 떠납니다.
이 차이는 눈에 잘 보이지 않습니다. 하지만 하루하루가 쌓일수록 학습의 밀도는 완전히 달라집니다.

이 습관은 부모가 대신 만들어줄 수 없습니다. 다만 방해하지는 않을 수 있습니다. 아이가 공부를 마치고 잠시 멍하니 앉아 있을 때, "다 끝났으면 일어나."라고 말하지 않고 아이 스스로 정리할 시간을 주는 것.

이 작은 선택이, 아이를 자기 공부를 마무리할 수 있는 사람으로 키웁니다.

상위권 아이들은 공부를 '감정'이 아니라 기준'으로 합니다

상위권 아이들은 공부를 감정으로 하지 않습니다.
기분이 좋을 때만 공부하고, 하기 싫으면 미루는 선택을 하지 않습니다.
그렇다고 공부를 좋아해서 하는 것도 아닙니다.

이 아이들은 공부해야 할 일로 정확히 인식합니다.
하기 싫은 날에도 최소한의 기준은 지키고, 잘 되는 날에도 과하게 욕심내지 않습니다.

이 균형 감각은 타고난 것이 아닙니다. 부모가 감정 기복에 휘둘리지 않는 모습을 반복해서 보여줬기 때문에 만들어진 결과입니다.

반대로 성적이 불안정한 아이들은 공부가 감정에 따라 출렁입니다. 잘 되는 날은 밤늦게까지 붙잡고, 안 되는 날은 아예 손을 놓습니다.

부모가 이 흐름에 같이 흔들리면, 아이의 공부는 더 불안해집니다. 상위권 아이들의 부모는 하루 성적에 반응하지 않습니다. 대신 공부의 태도만을 기준으로 봅니다. 이 기준이 아이를 안정시킵니다.

비교의 방향이 다릅니다
- 상위권 아이들은 '어제의 나'와 경쟁합니다

상위권 아이들의 또 하나의 특징은 비교의 방향입니다. 다른 아이와 자신을 비교하지 않습니다. 어제의 자신과 오늘의 자신을 비교합니다.

이 기준 역시 부모의 말에서 만들어집니다. "누구는 이렇게 한다더라"라는 말 대신 "지난번보다 이 부분이 나아졌네"라는 말을 들으며 자란 아이는 비교의 기준을 외부가 아닌 내부에 둡니다.

이 기준을 가진 아이는 경쟁이 치열해질수록 오히려 강해집니다. 왜냐하면 흔들릴 이유가 없기 때문입니다.

상위권 아이들에게
특별한 공부법은 없습니다

부모가 가장 많이 오해하는 부분이 바로 이것입니다. 상위권 아이들은 특별한 공부법을 가지고 있을 것이라는 생각입니다.

하지만 실제로 상위권 아이들의 공부법은 놀라울 만큼 평범합니다. 교과서, 학교 수업, 기본 문제, 반복.

다만 이 평범한 재료를 다루는 태도와 기준이 다를 뿐입니다.

이 차이를 이해하지 못하면, 부모는 계속 새로운 방법을 찾게 됩니다. 그리고 아이는 계속 흔들리게 됩니다.

상위권 아이들의 습관은 하루아침에 만들어지지 않습니다. 부모가 조급해하지 않고, 기준을 흔들지 않고, 아이의 선택을 지켜봐 준 시간이 쌓여 만들어진 결과입니다. 그래서 이 습관은 쉽게 무너지지 않습니다.

상위권은 목표가 아니라 결과입니다

이 장을 통해 부모에게 꼭 전하고 싶은 말이 있습니다. 상위권 아이의 습관을 흉내 내려고 하지 마십시오. 대신 그 습관이 만들어진 환경을 보십시오.

아이를 바꾸려 애쓰기 전에, 부모의 기준부터 점검하십시오. 상위권은 목표가 아니라 결과입니다. 그리고 그 결과는, 매일의 아주 작은 선택들이 만들어냅니다.

공부 잘하는 아이는 특별한 아이가 아닙니다. 특별하지 않게 공부를 대할 수 있도록 보호받은 아이입니다. 그리고 그 보호를 해줄 수 있는 사람은, 언제나 부모입니다.

Part. 5

● ● ● ● ●

부모가 바뀌면 아이는 반드시 달라집니다

아이의 공부가 바뀌지 않는 가장 큰 이유는 아이가 변하지 않아서가 아닙니다. 부모가 변하지 않기 때문입니다. 많은 부모가 아이의 공부 문제를 이야기하면서도, 정작 자신의 역할과 선택은 그대로 둔 채 아이만 달라지기를 바랍니다. 하지만 공부는 아이 혼자 하는 일이 아닙니다. 부모의 개입 방식이 바뀌지 않으면, 아이의 태도는 절대 바뀌지 않습니다.

현장에서 수많은 아이를 지켜보며 제가 확신하게 된 사실이 있습니다. 성적이 오르는 아이들의 부모는 아이를 더 통제하지 않습니다. 더 관리하지도 않습니다. 대신 다르게 개입합니다. 이 '다름'을 이해하지 못하면, 아무리 열심히 해도 결과는 반복됩니다.

● ● ● ● ●

공부 잘하는 아이의 부모는 다르게 개입합니다

"나는 최선을 다했다"라는 말이 아이를 살리지는 못합니다

부모들은 아이 이야기를 시작할 때 대개 이렇게 말합니다.

"저는 아이를 위해 정말 최선을 다했어요."

이 말은 거짓이 아닙니다.

실제로 부모 대부분은 아이를 위해 자신의 시간을 쓰고, 돈을 쓰고, 감정을 씁니다. 학원을 알아보고, 정보를 찾아보고, 주변 아이들과 비교하며 밤늦게까지 고민합니다. 아이가 잠든 뒤에도 성적표를 다시 펼쳐보고, 혹시 놓친 선택은 없었는지 자신을 책망합니다. 부모의 마음만 놓고 보면, 이보다 더 진심일 수 없습니다.

그런데 이상하게도, 이렇게 최선을 다했다고 말하는 부모의 아이 중 상당수는 공부 앞에서 점점 약해집니다. 처음에는 의욕이 있었고, 한때는 성적도 올랐지만, 어느 순간부터 공부가 버거워지고 흔들립니다.

부모는 더 애쓰고, 더 개입하고, 더 관리하려 하지만 결과는 오히려 반대 방향으로 흘러갑니다. 이 지점에서 부모는 깊은 혼란에 빠집니다.

"도대체 뭘 더 해야 하지?"
"어디까지가 부족한 걸까?"

하지만 현장에서 수많은 아이의 변화를 바로 옆에서 지켜본 사람으로서 저는 단호하게 말할 수 있습니다. 아이의 성적이 바뀌는 결정적 순간은, 아이가 갑자기 더 열심히 공부하기 시작했을 때가 아니라 부모의 개입 방식이 바뀌었을 때였습니다.

아이가 흔들릴수록, 부모의 개입은 왜 더 위험해질까요

이 말은 부모에게 가장 듣기 싫은 말일지도 모릅니다. 지금까지의 노력이 전부 잘못된 것처럼 느껴질 수 있기 때문입니다. 하지만 이 장에서 말하려는 것은 과거의 노력을 부정하자는 것이 아닙니다. 노력의 방향을 다시 점검하자는 것입니다.

공부가 잘되지 않는 아이들의 부모를 자세히 보면 공통된 패턴이 있습니다.

아이의 성적이 흔들릴수록 부모의 말은 많아지고, 개입은 촘촘해지며, 표정은 점점 굳어집니다.
처음에는 걱정이었고, 그다음에는 조언이었으며, 어느 순간부터는 지시와 통제가 됩니다.

부모는 아이를 잡아주고 있다고 생각하지만, 아이의 관점에서 공부는 점점 숨 막히는 일이 됩니다. 이 과정에서 아이의 머릿속에는 아주 조용하지만, 치명적인 인식이 자리 잡습니다.

'공부는 내가 책임지는 일이 아니라, 부모가 관리하는 일이구나.'

이 인식이 자리 잡는 순간, 아이의 공부는 스스로 자라지 못합니다. 아이는 자신의 선택보다 부모의 반응을 먼저 계산하게 되고, 결과에 대한 책임도 자신이 아닌 부모에게 넘기게 됩니다.

이 구조에서는 아이가 아무리 똑똑해도, 아무리 좋은 공부법을 써도 오래 버티지 못합니다. 공부의 주인이 아니기 때문입니다.

공부가 되는 아이의 부모는 '덜 개입하지만, 더 분명합니다'

반대로 공부가 되는 아이들의 부모는 개입을 줄입니다.
하지만 이 말은 결코 방치와 같지 않습니다.
오히려 이 부모들은 개입의 빈도는 줄이고, 개입의 기준은 훨씬 더 명확하게 가져갑니다.
아이의 공부를 대신 해결해주지 않고, 아이가 스스로 책임질 수 있도록 환경과 규칙을 정리해줍니다. 이 차이는 처음에는 잘 보이지 않습니다. 오히려 불안해 보이기도 합니다.
"저렇게 맡겨도 괜찮을까?"라는 생각이 들기 때문입니다.

하지만 시간이 지나면 결과는 분명하게 갈립니다. 기준 있는 개입을 받은 아이는 점점 자기 공부의 주인이 되고, 과도한 개입 속에서 자란 아이는 점점 지시 없이는 움직이지 못하게 됩니다. 이 차이는 학년이 올라갈수록, 경쟁이 치열해질수록 더욱 선명해집니다.

공부 잘하는 아이의 부모는 '성적표'보다 '아이의 반응'을 먼저 봅니다

공부 잘하는 아이의 부모는 시험 결과를 받아들고 가장 먼저 이렇게 묻지 않습니다.

"왜 이렇게 나왔어?"
대신 이렇게 묻습니다. "시험 보면서 어떤 순간이 제일 어려웠어?"

이 질문 하나가 아이에게 주는 메시지는 분명합니다. 결과보다 과정을 보겠다는 신호입니다.

이 신호를 받은 아이는 실패를 숨기지 않습니다. 그리고 실패를 숨기지 않는 아이만이 다시 시도할 수 있습니다.

부모의 개입이 가장 위험해지는 순간은 아이가 흔들릴 때입니다.
성적이 떨어지고, 의욕이 줄어들고, 공부를 미루기 시작할 때
부모는 본능적으로 더 개입하고 싶어집니다.
계획을 대신 세워주고, 공부를 대신 관리하고, 아이의 불안까지 대신 짊어집니다.
하지만 이 선택은 아이를 보호하는 것처럼 보이지만, 실제로는 아이에게 아주 무거운 메시지를 줍니다.

"너는 혼자서는 감당할 수 없는 아이야."

공부 잘하는 아이의 부모는 '대신 책임지지 않는 용기'를 가집니다

공부 잘하는 아이의 부모는 이 순간에 다른 선택을 합니다. 아이가 흔들릴수록 부모는 더 차분해집니다. 아이의 불안이 커질수록 기준을 더 분명히 합니다.

"지금 힘들 수 있다"라는 말은 해주되,
"그래도 네가 책임져야 할 몫은 네가 해야 한다"라는 선은 넘지 않습니다.

이 선이 아이를 버티게 합니다. 부모가 대신 책임지지 않는다는 사실이

아이에게는 오히려 자기 자리를 지켜주는 안전장치가 됩니다.
많은 부모가 이렇게 말합니다.

"우리 아이는 아직 혼자 감당할 준비가 안 됐어요."

하지만 준비는 누군가가 만들어주는 것이 아닙니다.
선택하고, 실패하고, 다시 선택해보는 경험을 통해서만 만들어집니다. 부모가 계속 대신 결정해주면 아이는 영원히 준비되지 않습니다. 반대로 부모가 한발 뒤로 물러나 아이가 선택의 결과를 마주할 수 있도록 허용하면, 아이는 비록 느릴지라도 반드시 자랍니다.

공부 잘하는 아이의 부모는 '기다릴 줄 아는 부모'입니다

공부 잘하는 아이의 부모는 기다릴 줄 아는 부모입니다.
기다린다는 것은 아무것도 하지 않는다는 뜻이 아닙니다.
아이 스스로 판단하고, 흔들리고, 다시 일어설 시간을 주는 것입니다. 이 시간은 부모에게 가장 힘든 시간입니다. 불안은 커지고, 한마디 해주고 싶은 순간은 셀 수 없이 찾아옵니다.

하지만 이 시간을 견딘 부모의 아이는 결국 달라집니다. 스스로 결정해본 경험이 아이의 뿌리가 되기 때문입니다.

이 장을 덮으며,
부모에게 꼭 묻고 싶습니다

이 장을 읽으며 부모에게 꼭 묻고 싶습니다. 지금 아이의 공부는 누구의 것입니까? 부모의 불안을 달래기 위한 공부입니까, 아이의 삶을 준비시키기 위한 공부입니까?

부모의 불안을 줄이기 위한 개입은 아이를 빠르게 지치게 만듭니다. 아이의 삶을 준비시키는 개입은 시간이 걸리지만, 아이를 단단하게 만듭니다.

공부 잘하는 아이의 부모는 아이를 앞에서 끌지 않습니다. 뒤에서 밀지도 않습니다. 옆에서 함께 걷습니다.
넘어지면 다시 일어설 수 있도록 공간을 주고, 방향을 잃으면 기준을 다시 보여줍니다. 이 거리감이 아이를 성장시킵니다.

부모가 바뀌면, 아이는 반드시 달라집니다. 이 말은 희망이 아니라, 현장에서 수없이 반복 검증된 사실입니다.
아이를 바꾸기 전에, 부모의 개입 방식부터 점검해야 하는 이유가 바로 여기에 있습니다.

그리고 이 책의 마지막 장을 향해 가며 부모에게 단 하나만은 꼭 남기고 싶습니다. 아이의 공부를 바꾸는 가장 빠른 방법은, 아이를 더 몰아붙이는 것이 아니라 부모가 덜 흔들리는 것입니다.

잔소리를 줄여야 성적이 오릅니다

부모가 가장 자주 쓰는 공부 도구는 '말'입니다

부모가 아이의 공부에 개입하면서 가장 자주 사용하는 도구는 계획표도 아니고, 문제집도 아닙니다. 바로 말입니다. 아이가 공부를 미루는 순간, 성적이 떨어진 순간, 표정이 흐려진 순간마다 부모의 말은 거의 자동 반사처럼 튀어나옵니다.

"지금 안 하면 언제 할 거야?"
"그렇게 해서 되겠어?"
"다 너 잘되라고 하는 말이야."

이 말들은 부모로서는 걱정의 표현이고 책임감의 증거처럼 느껴집니다. 부모는 이 말을 하지 않으면 무책임한 사람처럼 느껴지고, 이 말을 멈추면 아이의 인생을 방치하는 것 같다는 불안에 사로잡힙니다. 그래서 말은 점점 늘어납니다. 아이가 불안해질수록, 부모도 불안해지고, 그 불안은 말로밖에 나올 수밖에 없습니다.

하지만 아이의 관점에서 이 말들은 전혀 다른 방식으로 쌓입니다. 사랑이 아니라 압력으로, 조언이 아니라 감시로, 관심이 아니라 부담으로 저장됩니다. 부모는 '돕고 있다'라고 느끼지만, 아이는 '압박받고 있다'라고 느낍니다. 그리고 이 감각의 차이가 쌓이면, 공부는 실력이 아니라 관계의 문제로 바뀌기 시작합니다.

잔소리는 아이의 머릿속에 '배경음'으로 깔립니다

현장에서 아이들을 오래 지켜보면, 공부가 무너지는 아이들의 머릿속에는 공통된 소리가 하나 있습니다. 부모의 잔소리입니다. 그 소리는 시험 기간에만 커지는 것이 아니라, 평소에도 배경음처럼 깔려 있습니다.

아이는 문제를 풀면서도, 책장을 넘기면서도, 답을 쓰는 순간에도 부모의 목소리를 떠올립니다. 단순히 말의 내용이 문제가 아닙니다. 그 말이 언제, 어떤 감정으로, 어떤 표정과 함께 전달되었는지가 아이의 공부를 잠식합니다.

잔소리는 한 번으로는 큰 문제가 되지 않습니다. 하지만 반복될수록 아이의 사고 구조를 바꾸고, 공부에 대한 주도권을 조금씩 부모에게서 빼앗아 옵니다. 그리고 그 주도권이 부모에게 있을수록, 아이는 공부의 주인이 될 수 없습니다. 부모는 잔소리하며 이렇게 생각합니다.

"이 말 안 하면 더 안 할 것 같아서."
"지금 잡아주지 않으면 늦을 것 같아서."
"이 정도는 말해줘야 부모 역할 하는 거 아니야?"

이 생각 자체는 틀리지 않습니다. 실제로 많은 아이가 말이 없으면 더 느슨해지는 것도 사실입니다. 문제는 잔소리가 아이를 움직이게 하는 힘으로 작동하는 시간이 너무 짧다는 데 있습니다. 잔소리는 아이를 '잠깐' 움직입니다. 그러나 그 움직임은 '자기 선택'이 아니라 '부모 압력'에서 나오기 때문에 오래 못 갑니다.

잔소리는 행동을 만들지만,
'쌓이는 공부'를 만들지 못합니다

잔소리를 들은 아이는 잠시 움직일 수는 있습니다. 책상 앞에 앉을 수 있고, 문제집을 펼칠 수도 있습니다. 그러나 그 행동은 오래가지 않습니다. 그 행동의 출발점이 아이의 선택이 아니라 부모의 압력이기 때문입니다.

압력이 사라지는 순간, 행동도 같이 사라집니다.

잔소리가 반복되는 집에서 아이는 공부를 스스로 선택하지 않습니다. 대신 부모의 눈치를 계산하며 공부합니다.

"지금쯤 하면 잔소리가 줄어들겠지."

"이 정도 하면 오늘은 넘어가겠지."

이 계산이 시작되는 순간, 공부는 실력을 키우는 일이 아니라 갈등을 피하기 위한 행동으로 변합니다. 이 상태에서 성적이 오를 수 있을까요? 시험 직전에는 잠깐 오를 수 있습니다. 하지만 이 성적은 반드시 오래가지 못합니다. 공부가 쌓이지 않았기 때문입니다. 이해가 쌓이지 않고, 사고가 자라지 않고, 실패를 복기하는 힘이 생기지 않았기 때문입니다.

더 무서운 건, 여기서부터 아이가 공부를 '버티는 기술'로 배우기 시작한다는 점입니다. 공부를 잘하려는 기술이 아니라, 혼나지 않으려는 기술입니다. 이 기술은 점수가 아니라 회피를 키웁니다. 회피가 늘면 질문이 줄고, 질문이 줄면 이해가 끊어지고, 이해가 끊기면 결국 성적은 다시 떨어집니다. 그러면 부모의 잔소리는 더 늘어납니다. 악순환이 완성됩니다.

공부가 되는 집은 '잔소리가 없는 집'이 아니라 '말의 구조가 다른 집'입니다

공부가 되는 아이들의 집에는 공통된 특징이 있습니다. 잔소리가 아예 없는 집이 아닙니다. 대신 잔소리가 구조적으로 작동하지 않는 집입니다. 부모가 말을 아끼고, 한마디를 하더라도 목적이 분명합니다.

이 부모들은 아이에게 매일 같은 말을 반복하지 않습니다. 대신 정말 중요한 순간에만 말을 꺼냅니다. 그리고 그 말은 아이의 행동을 통제하기 위한 말이 아니라, 아이 스스로 생각하게 만드는 말입니다. 그래서 그 한마디는 아이에게 오래 남습니다. 말이 적기 때문에 무게가 생기고, 무게가 있으므로 아이는 그 말을 흘려보내지 않습니다. 이 지점에 많은 부모가 묻습니다.

"그럼 아무 말도 하지 말라는 건가요?"

아닙니다. 말을 줄이라는 것이지, 책임을 내려놓으라는 뜻은 아닙니다. 공부 잘하는 아이의 부모는 말을 아끼는 대신 질문을 바꿉니다. "왜 안 했어?" 대신 "어디서부터 막혔어?"라고 묻고, "그렇게 해서 되겠어?" 대신 "지금 네가 제일 부담되는 게 뭐야?"라고 묻습니다.

이 질문의 방향이 아이의 사고 방향을 바꿉니다. 아이는 혼나는 대상이 아니라, 설명하는 주체가 됩니다. 이 순간부터 공부는 관리의 대상이 아니라, 대화의 대상이 됩니다.

잔소리는 아이의 '행동'을 바꾸고,
질문은 아이의 '사고'를 바꿉니다

잔소리는 아이의 행동을 잠깐 바꾸지만, 질문은 아이의 사고를 바꿉니다. 사고가 바뀐 아이는 행동을 스스로 조정합니다. 그래서 공부가 되는 집에서는 부모의 말이 점점 줄어듭니다. 아이가 알아서 하기 때문입니다.

하지만 이 변화는 하루아침에 오지 않습니다. 오히려 초반에는 부모가 더 불안해질 수 있습니다. "이렇게 말 안 해도 괜찮을까?"라는 불안이 하루에도 몇 번씩 올라옵니다.

바로 그 불안을 견디는 시간이 필요합니다. 부모가 말을 줄이면 아이에게는 '공백'이 생깁니다. 이 공백이 처음에는 아이를 느슨하게 만들 수도 있습니다. 하지만 부모가 그 공백을 잔소리로 다시 채워버리면, 아이의 생각이 자랄 기회는 영원히 사라집니다.

공부가 되는 부모는 공백을 견딥니다. 아이가 당장 움직이지 않는 것처럼 보여도, '생각이 자라는 시간'을 허용합니다. 그 시간이 쌓일수록 아이는 변명 대신 설명하기 시작하고, 핑계 대신 고민을 말하기 시작합니다. 그리고 그 순간부터 공부는 '부모의 압력'이 아니라 '아이의 선택'으로 바뀝니다.

같은 실수를 했을 때, 부모의 반응이 아이의 방향을 결정합니다

부모가 잔소리를 줄이기 가장 힘든 순간은 아이가 반복해서 같은 실수를 할 때입니다.

"왜 또 이래?"
"맨날 똑같아."

라는 말이 목 끝까지 올라옵니다.

하지만 바로 이 순간이 아이의 공부가 갈리는 지점입니다. 같은 실수를 했을 때 부모가 감정적으로 반응하면, 아이는 실수 자체보다 부모의 반응을 더 크게 기억합니다. 그러면 다음에는 실수를 고치려 하기보다, 실수를 숨기려 합니다.

이때부터 공부는 성장의 도구가 아니라, 노출을 피하기 위한 기술이 됩니다. 숨기는 아이는 질문하지 않습니다. 질문하지 않는 아이는 절대 실력이 쌓이지 않습니다.

공부 잘하는 아이의 부모는 실수를 바로잡으려 하지 않고, 실수를 분석하려 합니다.

"왜 또 틀렸어?"가 아니라 "이 실수가 계속 나오는 이유가 뭐라고 생각해?"라고 묻습니다.

이 질문은 아이에게 분명한 메시지를 줍니다.

실수는 혼날 일이 아니라, 이해해야 할 대상이라는 메시지입니다.
이 메시지를 받은 아이는 실수를 회피하지 않습니다. 오히려 실수를 통해 자기 사고를 점검하고, 다시 시도할 힘을 얻습니다.

잔소리를 줄이는 기술은 '말을 참는 것'이 아니라 '말의 목적을 바꾸는 것'입니다 잔소리가 많은 집에서는 공부가 감정과 강하게 연결됩니다. 공부하면 긴장하고, 문제를 풀면 불안해지고, 시험이 다가오면 집안 공기부터 무거워집니다. 이 환경에서 아이는 공부를 좋아할 수 없습니다.

반대로 잔소리가 줄어든 집에서는 공부가 일상 속 하나의 활동으로 자리 잡습니다. 특별히 잘해야 사랑받는 것도 아니고, 못했다고 관계가 흔들리는 것도 아닙니다. 이 안정감이 아이를 오래 버티게 합니다.

부모가 잔소리를 줄이기 위해 가장 먼저 해야 할 일은, 자기 말투를 인식하는 것입니다. 아이에게 말을 던지기 직전, 단 1초만 멈추고 자신에게 묻는 것입니다.
"이 말은 아이를 성장시키는 말인가, 아니면 내 불안을 덜기 위한 말인가?"

이 질문을 통과하지 못한 말은, 아무리 옳은 말이어도 아이에게는 짐이 됩니다. 반대로 이 질문을 통과한 말은, 아이에게 기준이 됩니다.

이 장을 덮으며, 부모에게 드리고 싶은 '딱 하나의 처방'

이 장에서 부모에게 꼭 드리고 싶은 제안이 있습니다. 오늘부터 아이에게 하는 말의 양을 절반으로 줄여보십시오. 대신 말을 해야 할 순간에는 더 천천히, 더 정확하게 말해보십시오.

처음에는 불안할 것입니다. "이렇게 말 안 해도 괜찮을까?"라는 생각이 하루에도 몇 번씩 올라올 것입니다. 하지만 이 불안을 견디는 시간이 지나면, 아이에게서 아주 미세하지만 분명한 변화가 나타나기 시작합니다. 아이가 변명 대신 설명하기 시작하고, 핑계 대신 고민을 말하기 시작합니다.

이 변화가 쌓이면, 부모는 더는 잔소리를 할 필요가 없어집니다. 아이가 스스로 자기 공부를 관리하기 시작하기 때문입니다. 바로 이 지점에서, 공부는 부모의 싸움이 아니라 아이의 싸움이 됩니다. 그리고 이 싸움을 스스로 해본 아이만이, 끝까지 갈 수 있습니다.

이 장을 덮으며 부모에게 꼭 전하고 싶은 말이 있습니다.
아이의 성적을 올리고 싶다면, 아이에게 하는 말부터 줄이십시오.
말을 줄인 자리에는 공백이 생깁니다.
그 공백에서 아이의 생각이 자라고, 책임감이 자라고, 결국 실력이 자랍니다.

아이의 가능성을 꺼내는 질문법

잔소리를 줄인 뒤에 아이가 안 변하는 건 '실패'가 아니라 '공간이 생긴 것'입니다 잔소리를 줄였다고 해서 아이가 바로 달라지지는 않습니다. 이 지점에 많은 부모가 실망합니다.

"말을 줄여봤는데도 똑같아요."
"그래도 결국 안 하던데요."

하지만 저는 이 말을 들을 때마다 단호하게 말씀드립니다. 지금은 실패가 아니라 전환점에 들어섰다고요. 부모가 말을 줄였다는 것은, 아이에게 처음으로 '생각할 공간'을 내어주었다는 뜻이기 때문입니다.

문제는 그다음입니다. 공간이 생겼는데 그 공간을 방치하면 아이는 그 자리를 불안으로 채워버립니다. 아이의 머릿속에는 이런 생각이 올라옵니다.

"왜 아무 말 안 하지?"
"이래도 되는 건가?"
"나를 포기한 건가?"

이 시기를 그냥 지나치면, 아이는 부모의 침묵을 자유가 아니라 방치로 오해할 수 있습니다. 그래서 잔소리를 줄인 다음 단계는 반드시 '질문'이어야 합니다. 잔소리를 없앤 자리에 질문이 들어가야, 아이의 머릿속 공간이 불안이 아니라 사고로 채워집니다.

'질문처럼 보이는 잔소리'가 아이를 더 단단히 닫히게 만듭니다

여기서 말하는 질문은, 부모가 흔히 사용하는 질문과는 전혀 다릅니다.

"왜 안 했어?"
"언제 할 거야?"
"계획은 있니?"

이 질문들은 질문의 형태를 하고 있지만, 사실상 잔소리의 연장선입니다. 아이는 이 질문을 듣는 순간 바로 압니다. 답을 듣고 싶은 게 아니라, 혼내기 위해 묻는 거라는 걸요. 그래서 이 질문은 아이의 사고를 열지 않습니다. 오히려 아이를 다시 방어하게 만듭니다.

아이의 반응은 거의 일정합니다. 설명하지 않고 변명합니다. 생각하지 않고 회피합니다. 솔직해지지 않고 숨깁니다.

부모는 대화하고 있다고 느끼지만, 실제로는 아이와 힘겨루기를 하는 경우가 많습니다. 질문이 질문이 되려면, 아이가 '방어'가 아니라 '정리'를 하게 만들어야 합니다. 질문은 아이의 입을 여는 도구가 아니라, 아이의 머리를 켜는 도구여야 합니다.

공부가 되는 질문은 아이를 몰아붙이지 않고 '자기 생각 안으로 밀어 넣습니다'

공부가 되는 질문은 아이를 몰아붙이지 않습니다. 대신 아이를 자기 생각 안으로 밀어 넣습니다.

질문은 이렇게 바뀌어야 합니다.

"왜 안 했어?"가 아니라 "안 하게 된 이유가 뭐였을까?"

"계획은 있니?"가 아니라 "이대로 가면 어떤 점이 제일 불편할까?"

"그래서 어떻게 할 건데?"가 아니라 "지금 네가 바꾸고 싶은 건 뭐야?"

이 차이는 미묘해 보이지만 아이에게는 완전히 다르게 전달됩니다. 혼날 대상이 아니라, 생각해야 할 주체가 되었다는 신호입니다.

현장에서 성적이 반등한 아이들을 보면, 공통으로 이 질문을 처음 들은 시점을 또렷이 기억합니다.

"그때 처음으로 엄마가 나한테 왜 그런지 물어봤어요."

"그전에는 항상 혼났는데, 그날은 설명하라고 하더라고요."

이 경험은 아이에게 매우 강렬하게 남습니다. 누군가가 나를 통제하지 않고, 이해하려 했다는 기억이기 때문입니다. 이 기억이 아이의 태도를 바꿉니다. 공부는 기술이 아니라 태도에서 다시 살아나는데, 그 태도를 깨우는 가장 빠른 스위치가 바로 질문입니다.

"모르겠어요"는 끝이 아니라 시작입니다. 부모가 여기서 답을 주면 모든 게 무너집니다

질문은 아이의 가능성을 끌어내는 가장 강력한 도구입니다. 왜냐하면 질문은 아이에게 '답을 낼 책임'을 넘기기 때문입니다. 부모가 답을 주지 않고 질문을 던지는 순간, 아이는 처음으로 자기 안에서 답을 찾기 시작합니다.

그런데 이 과정은 느리고 서툽니다. 아이 대부분은 처음에 이렇게 말합니다.

"모르겠어요."

여기서 부모가 흔들립니다.

"봐라, 얘는 생각을 안 해."
"이래서 내가 말해줘야 해."

그런데 바로 이 순간이 갈림길입니다. 부모가 여기서 다시 답을 주어버리면, 아이는 다시 예전으로 돌아갑니다. '생각은 부모가 하는 것'이라는 구조로 되돌아가는 것입니다.

공부 잘하는 아이의 부모는 "모르겠다"라는 말 앞에서 물러서지 않습니다. 대신 이렇게 합니다. "진짜 모르겠어?"라고 다그치지 않습니다. "그럼 내가 말해줄게"로 끝내지 않습니다. "조금만 더 생각해보자"로 시간을 줍니다.

이 기다림이 아이의 사고를 자극합니다. 아이는 처음으로 자기 생각을 말로 정리하려 애씁니다. 이때 나오는 말은 정답일 필요가 없습니다. 중요한 것은 아이 스스로 생각을 꺼내기 시작했다는 사실입니다. 공부에서 가장 큰 성장 순간은 "정답을 맞히는 순간"이 아니라, 생각이 밖으로 나오기 시작하는 순간에 만들어집니다.

질문은 '공부를 잘하게' 하기 전에 '내 상태를 아는 아이'를 만듭니다

질문의 또 하나의 중요한 역할은, 아이가 자기 상태를 인식하게 만드는 것입니다. 많은 아이가 공부를 못하는 이유는 능력이 없어서가 아니라,

자기 상태를 모른 채 공부하고 있기 때문입니다.

어디가 막혔는지, 무엇이 어려운지, 왜 집중이 안 되는지를 모른 채 책상에 앉아 있으니 공부는 늘 답답합니다. 애초에 방향이 없는 상태에서 페달을 밟는 것과 같습니다. 그래서 질문은 막연함을 구체화합니다.

"어디가 제일 어려워?"
"언제부터 헷갈렸어?"
"이 문제를 보면 어떤 생각이 먼저 들어?"
"이 단원에서 네가 제일 자신 없는 게 뭐야?"

이 질문들이 쌓이면 아이의 머릿속이 정리되기 시작합니다.
'공부가 어렵다'가 아니라 '이 부분이 헷갈린다'로 바뀝니다.
여기서 부모는 조급해지기 쉽습니다.

"그래서 결론이 뭐야?"
"그럼 어떻게 할 건데?"

라는 말이 튀어나오고 싶어집니다.

하지만 질문의 목적은 즉각적인 해결책을 찾는 데 있지 않습니다. 아이의 사고 근육을 깨우는 데 있습니다. 사고 근육은 한 번의 질문으로 자라지 않습니다. 반복되는 질문, 존중받는 대답, 그리고 기다림 속에서 서서히 자랍니다. 아이가 자기 상태를 말할 수 있게 되면, 그때부터 공부는

'막연한 괴로움'이 아니라 '조정 가능한 문제'가 됩니다. 이 전환이 일어나면 성적은 반드시 따라옵니다. 시간이 걸릴 뿐입니다.

아이가 먼저 말하기 시작하는 순간, 부모는 '조언'보다 '경청'으로 이겨야 합니다

질문이 쌓이기 시작하면, 아이의 공부 태도에 변화가 생깁니다. 예전에는 부모가 묻기 전까지 아무 말도 하지 않던 아이가, 먼저 말하기 시작합니다.

"이 단원은 이런 게 헷갈려."
"이 문제 유형은 좀 시간이 오래 걸려."

이 변화는 매우 중요합니다. 아이가 공부를 '보고하는 대상'이 아니라, 설명하고 공유하는 대상으로 인식하기 시작했다는 뜻이기 때문입니다. 공부가 자기 안으로 들어오기 시작했다는 신호입니다.

공부 잘하는 아이의 부모는 이 순간을 놓치지 않습니다. 하지만 더 중요한 것은 '반응'입니다. 아이가 먼저 말을 꺼냈을 때 부모는 본능적으로 조언을 쏟아내고 싶어집니다. 해결해주고 싶고, 빨리 정리해주고 싶고, 효율적으로 움직이게 만들고 싶기 때문입니다.

그런데 이때 조언이 먼저 나오면 아이는 다시 닫힙니다.

"말해봤자 또 훈계가 나오네."

"결국 내 말은 안 중요하네."

이 감각이 들어오는 순간, 아이는 다시 입을 닫습니다. 그래서 이 시점의 부모 역할은 조언자가 아니라 청중입니다. 끝까지 듣고, 말을 끊지 않고, 결론을 대신 내리지 않고, 아이가 자기 생각을 끝까지 말하도록 기다리는 것. 이 경험이 반복되면, 아이는 공부를 혼자 짊어지는 일이 아니라 함께 다룰 수 있는 문제로 인식하게 됩니다. 이 인식이 공부를 오래가게 합니다.

질문은 자존감을 지키고, 자존감은 '끝까지 가는 힘'을 만듭니다

질문은 아이의 자존감을 지키는 역할도 합니다. 잔소리 속에서 자란 아이는 실패를 자기 능력의 문제로 해석합니다.

"나는 원래 안 되는 애야."

반대로 질문 속에서 자란 아이는 실패를 상황의 문제로 해석합니다.

"이 부분에서 준비가 부족했구나."

"이 방식이 안 맞았구나."

이 차이는 엄청납니다. 전자는 포기로 이어지고, 후자는 수정으로 이어집니다. 공부는 수정할 수 있다고 믿는 아이만이 끝까지 갑니다. 그리고 그 믿음은 응원 문구로 생기지 않습니다. 질문의 누적에서 생깁니다.

부모가 "괜찮아"라고 말해서 괜찮아지는 게 아닙니다. 부모가 "어디가 어려웠는지 같이 정리해보자"라고 물어줄 때, 아이는 자기 실패를 다룰 수 있게 됩니다. 실패를 다룰 수 있는 아이는 성적이 흔들려도 무너지지 않습니다. 왜냐하면 다음 행동을 알고 있기 때문입니다. 아이를 살리는 것은 재능이 아니라 다음 행동을 만들 수 있는 사고 구조입니다.

질문은 기술이 아니라 '진짜로 궁금해하는 태도'에서만 힘을 가집니다

부모에게 꼭 당부하고 싶은 점이 있습니다. 질문은 기술이 아니라 태도라는 점입니다. 질문을 던지면서도 속으로는 "빨리 결론 좀 내라"고 생각한다면, 아이는 바로 알아차립니다. 아이는 질문의 문장보다 질문을 던지는 사람의 감정을 먼저 읽습니다.

질문은 진짜 궁금할 때만 힘을 가집니다. 아이의 생각이 궁금하고, 아이의 관점이 알고 싶고, 아이의 이유가 듣고 싶은 마음에서 나온 질문만이 아이를 움직입니다.

그래서 저는 부모에게 이렇게 권합니다. 질문을 던지기 전에, 마음속에 먼저 하나를 확인해보십시오.

"나는 지금 아이를 바꾸고 싶은가, 아니면 아이를 이해하고 싶은가."

이 대답이 '바꾸고 싶다'라면 그 질문은 잔소리로 변합니다. 이 대답이 '이해하고 싶다'라면 그 질문은 아이를 열어줍니다.

이 장을 덮으며,
부모에게 묻고 싶은 단 하나의 질문

이 장을 읽으며 부모에게 다시 한번 묻고 싶습니다. 아이에게 마지막으로 "왜 안 했어?"가 아니라 "어떻게 생각하고 있어?"라고 물어본 적이 언제입니까?

잔소리를 줄이고, 질문을 바꾸는 순간부터 아이의 공부는 서서히 방향을 바꾸기 시작합니다. 그 변화는 느릴 수 있지만, 절대 거꾸로 가지 않습니다.

이제 아이는 더는 부모의 말에 끌려가지 않습니다. 자기 생각으로 공부를 끌고 가기 시작합니다. 그리고 바로 그 지점에서, 아이의 가능성은 비로소 모습을 드러냅니다.

부모가 아이를 바꾸는 것이 아닙니다. 부모가 질문을 바꾸는 순간, 아이가 자신을 바꾸기 시작합니다. 그게 진짜 변화입니다.

실패를 대하는 부모의 태도가 아이의 한계를 정합니다

아이의 한계는 '성공의 순간'이 아니라 '실패의 순간'에 결정됩니다

아이의 공부 인생에서 가장 중요한 순간은, 성적이 잘 나왔을 때가 아닙니다. 상을 받았을 때도 아니고, 남들보다 앞서 나갔을 때도 아닙니다. 아이의 한계를 결정하는 순간은 언제나 '실패했을 때'입니다. 그리고 그 실패의 순간을 아이가 어떻게 해석했는지가, 아이의 공부 인생을 길게도 만들고 짧게도 만듭니다.

성공은 아이를 잠깐 들뜨게 할 뿐입니다. "나도 할 수 있구나"라는 감각을 주기는 하지만, 그 감각은 환경이 좋을 때만 유지됩니다. 반면 실패는 다릅니다. 실패는 아이에게 아주 본질적인 질문을 던집니다.

"나는 여기서 멈추는 사람인가, 아니면 고쳐서 다시 가는 사람인가."

아이의 인생은 이 질문에 어떻게 답하게 되었는지에 따라 갈립니다.

그런데 이 질문의 답을 아이 혼자 만들 수는 없습니다. 아이가 실패를 만나는 순간, 아이의 머릿속에는 시험지보다 먼저 떠오르는 것이 있습니다. 바로 부모의 반응입니다. 실패의 의미는 점수로 정해지지 않습니다. 그 점수를 본 부모의 표정, 한숨, 말투, 침묵이 실패의 의미를 결정합니다.

부모의 표정 한 번이 아이에게 '점수보다 큰 상처'로 남습니다

부모는 흔히 아이가 실패하면 그 실패 자체보다 더 크게 반응합니다. 성적이 떨어진 시험지 한 장, 틀린 문제 몇 개, 예상보다 낮은 등수 앞에서 부모의 얼굴이 먼저 굳어집니다. 말은 조심하려 하지만, 표정과 한숨은 숨기지 못합니다. 아이는 그 미세한 변화를 정확히 감지합니다.

"아, 이번에는 실망했구나."

이 깨달음은 아이에게 시험 점수보다 훨씬 큰 상처로 남습니다.

여기서 중요한 것은, 부모가 아이를 사랑하지 않아서가 아닙니다. 반대로 너무 사랑하기 때문에 흔들리는 겁니다. 기대가 크고, 불안이 크고, 책임감이 크기 때문에 표정이 먼저 반응합니다. 하지만 아이는 부모의 사랑을 그대로 받아들이지 않습니다. 아이는 그 사랑을 평가로 번역해서 받아들입니다.

"내가 잘하면 괜찮고, 못하면 관계가 불안해지는구나."

이 번역이 시작되는 순간, 아이는 공부를 학습이 아니라 관계 유지의 과제로 받아들이기 시작합니다.

현장에서 아이들을 상담하다 보면, 공부를 포기한 아이들의 공통점이 분명히 보입니다. 이 아이들은 대개 이렇게 말합니다.

"해도 안 되는 것 같아요."
"어차피 또 실망할 거잖아요."
"괜히 했다가 더 혼날까 봐요."

이 말속에는 게으름이 아니라 실패를 감당할 힘이 사라진 마음이 담겨 있습니다. 아이는 실패 그 자체보다, 실패했을 때 부모가 보여줬던 반응을 더 두려워하게 된 것입니다. 이 두려움은 아이를 움직이게 만들지 않습니다. 오히려 아이를 멈추게 만듭니다.

부모가 먼저 좌절하고 먼저 결론 내리는 순간, 아이의 가능성은 '사형선고'처럼 들립니다

부모는 실패 앞에서 흔들립니다. 그동안의 시간과 돈, 노력과 기대가 한 순간에 무너진 것처럼 느껴지기 때문입니다. 그래서 부모는 아이보다 먼저 좌절하고, 아이보다 먼저 결론을 내려버립니다.

"이 정도면 한계 아닌가."
"이 길은 아닌 것 같다."
"다른 선택을 해야 하지 않을까."

이 말들은 부모로서는 현실적인 판단일 수 있습니다. 그런데 아이의 처지에서는 완전히 다르게 들립니다. 자기 가능성에 대한 사형선고처럼 들립니다. 왜냐하면 아이는 아직 '자기 한계'를 결정할 나이가 아니기 때문입니다. 아이는 실패를 통해 성장해야 하는데, 부모가 먼저 결론을 내려버리면 아이는 성장할 기회를 잃습니다. 여기서 아이는 두 가지를 배웁니다.

첫째, "실패하면 관계가 흔들린다."
둘째, "실패하면 선택지가 줄어든다."

이 두 가지를 배운 아이는 그다음부터 실패를 피하는 방향으로 움직입니다. 도전이 사라지고, 질문이 사라지고, 확실한 것만 하려 하고, 안전한 것만 고르려 합니다. 겉으로는 '착한 아이'처럼 보일 수 있습니다. 하지만 속에서는 이미 이렇게 결론을 내립니다.

"나는 실패하면 끝장이다."

그 순간부터 아이는 공부를 성장으로 하지 않습니다. 생존으로 합니다.

공부가 되는 집은 실패를 '끝'이 아니라 '신호'로 번역합니다

공부 잘하는 아이의 부모는 실패를 다르게 해석합니다. 실패를 결과로 보지 않고, 과정의 신호로 봅니다. 점수가 낮게 나왔을 때 "왜 이렇게 나왔어?"라고 묻지 않습니다. 대신 이렇게 묻습니다.

"이번 시험에서 제일 아쉬웠던 부분이 뭐야?"
"시험 보면서 어떤 순간이 제일 흔들렸어?"
"이번에는 어떤 준비가 부족했다고 느껴?"

이 질문 하나가 아이에게 주는 메시지는 분명합니다. 실패가 끝이 아니라, 다음을 준비하는 재료라는 메시지입니다.

많은 부모가 실패를 두려워하는 이유는, 실패가 아이의 미래를 망칠 것 같기 때문입니다. 하지만 현장에서 수없이 확인한 사실은 정반대입니다. 실패를 겪어보지 않은 아이가 오히려 더 쉽게 무너집니다. 실패를 경험하지 못한 아이는 작은 좌절에도 크게 흔들립니다. 반대로 실패를 분석해본 아이는, 다음 실패를 견딜 힘을 갖게 됩니다.

공부는 성공의 연속이 아니라, 실패를 관리하는 능력의 싸움입니다. 성적은 머리로 올리는 게 아닙니다. 결국에는 실패를 버티는 힘으로 올라갑니다. 그리고 그 힘은 부모가 아이의 실패를 어떻게 다뤄왔는지에 대한 기억에서 나옵니다.

실패를 '사건'으로 만드는 집에서는 공부가 '은폐의 기술'로 변합니다

부모의 태도는 이 실패 관리 능력을 키우기도 하고, 완전히 빼앗아가기도 합니다. 아이가 실패했을 때 부모가 감정적으로 반응하면, 아이는 실패를 숨기기 시작합니다. 시험지를 가방 깊숙이 넣고, 틀린 문제를 덮어두고, "괜찮아"라는 말로 상황을 넘기려 합니다. 이때부터 공부는 성장의 과정이 아니라 은폐의 과정으로 변합니다.

은폐가 시작된 공부는 절대 쌓이지 않습니다. 이유는 간단합니다.
아이의 에너지가 공부에 쓰이는 게 아니라 들키지 않기 위해 쓰이기 때문입니다.
질문을 줄이고, 틀린 문제를 피하고, 모르는 단원을 대충 넘기고, 시험 전날만 불안하게 몰아치고, 시험이 끝나면 완전히 내려놓습니다.

부모는 "왜 이렇게 성실하지 못하냐"고 느끼지만, 실제로는 아이가 성실하지 못한 게 아니라 실패를 드러낼 수 없는 환경이 만들어진 것입니다. 공부가 잘되는 집은 아이가 틀려도 괜찮은 집이 아닙니다. 틀렸다는 사실을 꺼내 놓을 수 있는 집입니다. 그 차이가 성적의 방향을 결정합니다.

부모의 무의식적인 한마디가 아이에게 '미리 포기하는 법'을 가르칩니다

특히 주의해야 할 것은, 부모가 무의식적으로 던지는 말들입니다.

"그래도 네가 이것밖에 안 되면 어떡하니."
"이 정도도 못 하면 고등학교 가서 어떡할 거야."
"이러다 대학은 포기해야겠다."

이 말들은 아이를 각성시키지 않습니다. 대신 아이에게 미리 포기하는 법을 가르칩니다. 아이는 이렇게 배웁니다.

"안 되면 도망쳐야 하는구나."
"실패하면 내 가치가 흔들리는구나."
"도전하면 더 다칠 수 있구나."

이 학습은 공부뿐 아니라 인생 전반에 영향을 미칩니다. 실패를 회피하는 아이는 결국 한계를 넘지 못합니다. 왜냐하면 한계는 늘 도전하는 과정에서만 밀려 나가기 때문입니다. 도전 없는 공부는 확장되지 않습니다.

실패 앞에서 부모가 해야 할 일은 '해결'이 아니라 '버텨주는 태도'입니다

실패를 대하는 부모의 태도는 결국 아이에게 하나의 질문을 던집니다.

"나는 실패해도 괜찮은 사람인가?"

이 질문에 "그렇다"라고 대답할 수 있는 아이는 끝까지 갑니다. 성적이 흔들려도, 길이 돌아가도, 다시 일어설 수 있습니다. 하지만 이 질문에 "아니다"라고 느낀 아이는 가능한 한 실패를 피하려고만 합니다. 안전한 선택만 하고, 도전하지 않고, 결국 자기 한계를 넘지 못합니다.

부모에게 꼭 전하고 싶은 말이 있습니다. 아이의 실패 앞에서 부모가 해야 할 일은, 해결책을 빨리 제시하는 것도 아니고, 위로를 과하게 건네는 것도 아닙니다. 그 실패를 함께 버텨주는 것입니다.

"괜찮아"라는 말보다 중요한 것은, 괜찮아 보이는 태도입니다.

부모가 흔들리지 않는 모습, 아이의 가치를 성적으로 재단하지 않는 태도, 이것이 아이를 살립니다.

공부는 결국 실패를 견디는 힘의 싸움입니다. 그 힘은 문제집에서 나오지 않습니다. 학원에서 자동으로 생기지도 않습니다. 부모가 실패를 어떻게 다뤄왔는지에 대한 기억에서 나옵니다. 이 기억이 아이의 내면에 쌓일수록, 아이는 점점 단단해집니다.

이 장을 덮으며,
부모에게 마지막으로 묻고 싶습니다

이 장을 읽는 부모에게 마지막으로 묻고 싶습니다.
아이의 실패 앞에서, 나는 어떤 얼굴을 하고 있었는지. 어떤 말을 했고, 어떤 침묵을 선택했는지.

아이의 한계는, 아이가 정하는 것이 아닙니다. 대부분은, 부모의 반응이 먼저 그 선을 그어버립니다.
그 선을 지울 수 있는 사람 역시 부모뿐입니다. 지금부터라도, 아이의 실패를 다시 정의하십시오.
실패는 끝이 아니라, 아이를 더 멀리 보내기 위한 준비 과정입니다.

끝까지 가는 아이를 만드는 부모의 기준

끝까지 간다는 말이 불편하게 들리는 이유

공부를 잘하는 아이를 키우고 싶다는 말은 누구나 쉽게 합니다. 하지만 "끝까지 가는 아이를 키우고 싶다"라고 말하는 부모는 많지 않습니다. 왜냐하면 끝까지 간다는 말은, 중간에 흔들리는 시간을 견뎌야 한다는 뜻이고, 성과가 보이지 않는 시기를 감당해야 한다는 뜻이며, 무엇보다 부모 자신의 불안과 조급함을 스스로 다스려야 한다는 뜻이기 때문입니다.

끝까지 간다는 말에는, 아이보다 먼저 부모가 흔들리지 않아야 한다는 전제가 깔려 있습니다. 이 전제는 절대 가볍지 않습니다. 아이가 열심히 하는 것처럼 보이지 않는 날에도, 성적이 기대만큼 나오지 않는 시기에도, "이 방향이 맞는 걸까?"라는 의문이 계속 올라오는 시간을 통과해야 하기 때문입니다. 그래서 이 말은 희망보다는 부담으로, 다짐보다는 압박으로 들리기 쉽습니다.

그래서 부모 대부분은 의식하지 못한 채 단기 성과를 선택합니다. 눈에 보이는 점수, 빠른 변화, 즉각적인 반응을 원합니다. 그 선택이 아이를 위하는 길처럼 보이기 때문입니다. 실제로 주변의 시선도 그 선택을 부추깁니다. "지금은 결과가 나와야 할 때 아니냐", "이 정도면 방향을 바꿔야 하는 거 아니냐"는 말들이 부모의 마음을 흔듭니다.

하지만 현장에서 수없이 확인한 사실은 분명합니다. 단기 성과를 기준으로 키워진 아이는 끝까지 가지 못합니다. 잠깐 앞서갈 수는 있지만, 한 번 크게 흔들리는 순간 다시 돌아올 힘을 갖지 못합니다. 끝까지 간다는 말이 불편하게 느껴진다면, 그 불편함은 부모가 부족해서가 아닙니다.
끝까지 간다는 일이 본래 불편하고, 느리고, 인내를 요구하는 일이기 때문입니다. 이 장은 바로 그 불편함을 회피하지 않고, 정면으로 마주하자는 제안입니다.

끝까지 가는 아이는 재능이 아니라 기준으로 자랍니다

현장에서 오랫동안 아이들을 지켜보며 저는 한 가지 확신에 이르렀습니다. 끝까지 가는 아이는 뛰어난 재능을 가진 아이가 아니라, 다시 돌아올 수 있었던 아이라는 사실입니다.
단 한 번도 흔들리지 않은 아이는 거의 없습니다. 중요한 것은 흔들리지 않는 것이 아니라, 흔들린 뒤에도 다시 자기 자리로 돌아올 수 있었는지입니다.

그리고 그 복귀를 가능하게 만든 힘은 아이 개인의 의지가 아니었습니다. 언제나 그 뒤에는 부모가 끝까지 지켜준 기준이 있었습니다. 성적이 떨어졌을 때도 아이의 자리를 흔들지 않았고, 결과가 기대에 못 미쳐도 관계를 바꾸지 않았으며, 조급한 마음이 올라와도 기준만큼은 내려놓지 않았던 부모의 태도가 아이를 다시 제자리로 데려왔습니다.

이 경험을 반복한 아이는 점점 분명하게 배웁니다. 실패해도 끝이 아니라는 것, 멈춰도 다시 출발할 수 있다는 것, 그리고 공부는 한 번의 성과로 판단되는 일이 아니라는 사실을 말입니다. 이 인식이 쌓이면 아이는 성적에 과도하게 흔들리지 않습니다.
잘 나올 때도 들뜨지 않고, 안 나올 때도 무너지지 않습니다. 이 안정감이 아이를 오래가게 합니다.

부모가 기준을 지켜준다는 것은, 아이를 무조건 믿는다는 말과는 다릅니다. 대신 아이가 감당해야 할 몫과 부모가 책임질 몫을 분명히 구분해주는 일입니다. 이 구분이 명확할수록 아이는 자기 공부를 자기 삶의 일부로 받아들이게 됩니다. 그리고 이때부터 공부는 부모의 프로젝트가 아니라, 아이 자신의 여정이 됩니다.

부모의 기준이 무너지면 아이는 공부보다 눈치를 먼저 배웁니다

부모의 기준이 분명하지 않은 집에서 아이는 공부보다 분위기를 먼저 읽습니다. 오늘 집안 공기가 어떤지, 지금 성적 이야기를 꺼내도 되는 날인지, 부모의 표정이 날카로운지부터 살핍니다. 이 과정은 아이에게 매우 큰 에너지를 요구합니다. 아이의 집중력은 문제 해결이 아니라 관계 관리에 먼저 쓰입니다.

이 환경에서 아이는 점점 공부를 통해 성장하는 법보다, 어떻게 하면 덜 혼날지를 먼저 배우게 됩니다. "이 정도면 괜찮을까?", "여기까지 하면 넘어갈까"를 계산하는 데 익숙해집니다. 공부는 도전이 아니라 회피의 수단이 됩니다. 이때부터 공부는 쌓이지 않습니다. 시간을 들여도, 문제를 많이 풀어도 중심이 서지 않는 이유가 바로 여기에 있습니다.

반대로 끝까지 가는 아이의 집에는 기준이 있습니다. 그 기준은 화려하지 않지만 흔들리지 않습니다. 성적이 잘 나와도, 기대에 못 미쳐도 부모의 태도가 극단적으로 달라지지 않습니다. 기쁠 수는 있어도 흥분하지 않고, 실망할 수는 있어도 아이의 자리를 위협하지 않습니다.

이 경험 속에서 아이는 아주 중요한 메시지를 반복해서 받습니다.

"나는 결과 하나로 평가받는 존재가 아니다."

이 메시지는 아이의 공부 인생 전체를 지탱하는 가장 강력한 안전장치가 됩니다. 이 안전장치가 있는 아이는 실패를 두려워하지 않습니다. 실패를 숨기지 않고, 다시 시도할 수 있습니다. 결국 이 차이가 아이를 끝까지 가게 만듭니다.

기준을 끝까지 지켜준 부모 밑에서 아이는 끝까지 갑니다

부모의 기준은 아이가 실패했을 때 가장 선명하게 드러납니다. 시험을 망쳤을 때, 노력보다 결과가 나오지 않았을 때, 부모가 보이는 첫 반응이 곧 기준입니다. 이 순간에 부모가 흔들리면, 아이는 실패보다 부모의 반응을 더 깊이 기억합니다. 그리고 그 기억은 아이를 움츠러들게 합니다.

끝까지 가는 아이의 부모는 실패를 가볍게 넘기지도 않고, 대신 해결해주지도 않습니다. 실패를 과정 일부로 정확히 위치시킵니다. “왜 이랬어?”가 아니라 “이번에 어떤 선택이 이런 결과를 만들었는지 같이 보자”라고 말합니다. 이 태도는 아이에게 실패를 회피할 대상이 아니라, 분석할 대상으로 인식하게 만듭니다. 이 인식의 차이가 아이의 학습 깊이를 완전히 바꿉니다.

부모가 기준을 지키기 가장 어려운 순간은, 아이가 계속 제자리인 것처럼 보일 때입니다. 노력은 하는 것 같은데 성과가 없고, 시간이 지나도 눈에 띄는 변화가 없을 때 부모의 마음은 급해집니다. 이때 많은 부모가 기준을 내려놓고 개입을 강화합니다.

하지만 끝까지 가는 아이의 부모는 이 구간을 다르게 통과합니다. 속도가 느리더라도 방향이 바르면 기다립니다. 대신 기준만큼은 낮추지 않습니다.

부모의 기준은 말로 가르쳐지지 않습니다. 성적이 흔들려도 관계를 흔들지 않는 태도, 비교 대신 아이의 흐름을 존중하는 선택, 실망 속에서도 약속을 지키는 모습이 모두 기준이 됩니다. 이 기준은 아이의 무의식에 깊이 남아, 훗날 부모가 곁에 없을 때도 아이를 붙잡아 줍니다.

마지막으로,
이 책을 덮는 부모에게

아이의 공부에서 가장 위험한 순간은 성적이 떨어졌을 때가 아닙니다. 부모가 기준을 포기했을 때입니다.

"이번만 넘어가자", "지금은 힘드니까 괜찮아"라는 말이 반복되면 아이는 학습합니다. 힘들면 기준이 내려간다는 것을. 이 학습은 아이의 끈기를 가장 빠르게 무너뜨립니다. 반대로 부모가 기준을 지키면 아이는 배웁니다. 힘들어도 돌아올 자리가 있다는 것을.

끝까지 가는 아이는 특별해서가 아닙니다. 타고난 재능 때문도 아닙니다. 부모가 끝까지 기준을 지켜준 아이일 뿐입니다. 흔들려도 돌아올 수 있었고, 실패해도 다시 설 수 있었고, 성적과 상관없이 존중받아본 아이입니다. 이 아이들은 결국 자기 속도로 자기 자리에 도착합니다.

이 책의 마지막에서, 부모에게 다시 한번 묻고 싶습니다.
아이의 성적이 흔들릴 때, 나는 아이의 인생을 지키고 있었는지, 아니면 나 자신의 불안을 먼저 지키고 있었는지.
아이의 한계는 아이가 먼저 정하지 않습니다.
대부분은, 부모의 기준이 먼저 그 선을 긋습니다.
그리고 그 선을 끝까지 지켜주는 부모 밑에서만, 아이는 끝까지 갈 수 있습니다.
아이를 더 몰아붙이지 마십시오.
대신 부모 자신의 기준을 끝까지 지키십시오.
그 기준이 아이의 방향이 되고, 그 방향이 아이를 끝까지 데려갑니다.

— 이 책을 여기까지 읽어주신 부모라면,
이미 아이를 끝까지 데려갈 준비를 시작하신 분입니다.

그런데도, 아이는 반드시 자랍니다

이 책의 마지막 문장을 앞에 두고 있는 지금, 부모의 마음은 아마 조금 복잡할지도 모릅니다.

"내가 잘못하고 있었던 건 아닐까."
"조금만 더 참았어야 했던 건 아닐까."
"아이에게 상처를 준 건 아닐까."

하지만 이 질문 앞에서, 부모는 자신을 스스로 너무 쉽게 재단하지 않았으면 합니다. 이 책을 여기까지 읽었다는 사실 하나만으로도, 당신은 이미 아이를 포기하지 않은 부모이기 때문입니다.

아이를 포기하지 않았다는 것은, 아이의 성적이 아니라 아이의 삶을 끝까지 책임지고 싶었다는 뜻입니다. 그 마음은 단 한 번도 잘못된 적이 없습니다.

부모는 늘 뒤늦게 깨닫습니다. 그때는 최선이라고 믿었던 선택이, 지금 와서는 조금 과했을지도 모른다는 사실을요. 하지만 그것은 실패가 아닙니다. 부모 역시 자라왔다는 증거이고, 지금도 자라고 있다는 흔적입니다.

아이를 키우며 한 번도 흔들리지 않은 부모는 없습니다. 한 번도 실수하지 않은 부모도 없습니다.

아이를 위해 더 해주고 싶어서, 아이를 지켜주고 싶어서, 때로는 앞서 나가고, 대신 짊어지고, 대신 싸웠던 순간들이 있었을 뿐입니다. 그 선택들 속에는 언제나 사랑이 먼저 있었습니다.

중요한 것은, 부모가 완벽했느냐가 아닙니다. 지금, 이 순간, 다시 선택할 수 있느냐입니다.

이 책을 통해 계속해서 이야기한 것은 공부법이 아니었습니다. 성적을 올리는 기술도 아니었습니다. 이 책이 끝까지 붙잡고 싶었던 질문은 오직 하나였습니다.

"이 아이가, 부모가 없어도 자기 인생을 살아갈 수 있을까."

공부는 그 질문에 대한 연습이었습니다. 성적은 그 과정에서 따라오는 결과일 뿐이었습니다. 점수는 아이를 설명하지 못하고, 등급은 아이의 가능성을 정의하지 못합니다.

아이는 앞으로도 수없이 흔들릴 것입니다. 다시 미뤄질 것이고, 다시 실망스러운 결과를 가져올 것이고, 부모의 마음을 아프게 할 선택을 할 수도 있습니다. 그때마다 부모는 다시 선택의 갈림길에 서게 됩니다. 다시 붙잡을 것인지, 아니면 기준만 남기고 한발 물러설 것인지.

이 책이 끝난 뒤에도, 부모의 불안은 완전히 사라지지 않을 것입니다. 그리고 사라질 필요도 없습니다. 불안은 부모가 아이를 사랑하고 있다는 증거이기도 하니까요. 다만 한 가지만은 분명해졌으면 합니다.

불안은 개입의 이유가 될 수는 있어도, 기준을 버릴 이유는 되지 않는다는 것.

아이의 공부에서 부모가 끝까지 지켜줘야 할 것은 점수가 아니라 자기 자리입니다.

잘해도 돌아올 자리, 못해도 밀려나지 않는 자리, 실패해도 다시 설 수 있는 자리.

그 자리가 있는 아이는 결국 자기 속도로 자기 인생에 도착합니다.

부모는 아이를 대신 살아줄 수 없습니다. 대신, 아이가 넘어질 때마다 다시 일어설 수 있는 땅은 만들어줄 수 있습니다.

그 땅은 잔소리로 만들어지지 않습니다. 조급함으로 다져지지도 않습니다.

부모가 "나는 흔들리지 않겠다"라고 마음먹은 그 순간부터, 아이를 결과로 판단하지 않겠다고 결심한 그 순간부터, 그 땅은 아주 조용히, 그러나 분명하게 만들어지기 시작합니다.

이 책을 덮으며 부모에게 꼭 전하고 싶은 말이 있습니다.

아이의 인생은 지금 이 성적으로 결정되지 않습니다. 이번 시험으로 끝나지도 않습니다. 이번 선택으로 망가지지도 않습니다.

아이의 인생을 결정짓는 것은 부모가 끝까지 지켜준 기준 하나입니다.

"너는 성적 이전에 존중받는 사람이다."

"넘어질 수는 있지만, 포기하지는 않는다."

"나는 너를 믿고, 이 자리를 지킨다."

이 기준을 가진 부모 밑에서 아이는 결국 갑니다. 빠르지 않아도, 흔들려도, 돌아가더라도 끝까지 갑니다. 그리고 언젠가 아이가 어른이 되었을 때, 공부는 기억나지 않아도 부모의 태도는 남습니다.

그 기억 하나면 충분합니다. 그것이 아이의 인생을 끝까지 밀어주는 힘이 되기 때문입니다.

부모가 바뀌면, 아이도 반드시 달라집니다. 이 말은 희망이 아니라, 지금까지 수없이 증명된 사실입니다.

이제 책은 끝났습니다. 하지만 아이와 부모의 이야기는 지금부터 다시 시작입니다.

이번에는 조금 덜 불안하게, 조금 더 단단하게, 그리고 끝까지 함께 가기를 바랍니다. 그 길 위에서, 이 책이 부모의 기준 하나쯤은 끝까지 지켜주는 역할을 했기를 바랍니다.

캡틴의 부록

공부 환경 진단
체크리스트

-아이의 성적을 바꾸기 전에,
부모의 기준부터 점검하십시오

이 부록은 공부법을 알려주는 글이 아닙니다.
문제집을 추천하지도 않고, 학습 시간을 늘리라고 말하지도 않습니다.
이 부록의 목적은 단 하나입니다.

"우리 집은 과연 아이가 공부할 수 있는 환경인가?"

이 질문에 부모 스스로가 정직하게 답하게 만드는 것입니다.
현장에서 수많은 아이를 보며 저는 분명히 알게 되었습니다.
공부가 되는 아이와 끝내 무너지는 아이의 차이는
의외로 공부량도, 지능도, 선행도 아니었습니다.

환경이었습니다.

그리고 그 환경은

부모가 의도적으로 만들지 않아도

부모의 말, 표정, 기준, 반응 속에서

이미 완성되어 있었습니다.

이 체크리스트는

아이를 평가하기 위한 것이 아닙니다.

부모를 비난하기 위한 것도 아닙니다.

다만,

지금까지 **무의식적**으로 해왔던 **선택**을

의식의 영역 위로 끌어올리기 위한 장치입니다.

체크리스트
사용 방법

아래 문항을 읽으며

V 그렇다 / △ 가끔 그렇다 / X 아니다

중 하나를 솔직하게 표시해보시기 바랍니다.

중요한 것은 점수가 아닙니다.

어디에서 반복적으로 막히는가입니다.

1. 공부가 일상이 아닌 '사건'이 되는 환경

1. 우리 집에서는 시험 기간이 되면 집안 공기가 눈에 띄게 달라진다.
2. 평소에는 공부 이야기를 거의 하지 않다가, 성적이 나오면 갑자기 대화가 늘어난다.

3. 아이의 하루 컨디션보다 '오늘 공부했는지'가 대화의 중심이 된다.
4. 시험이 끝난 날, 아이보다 부모가 더 예민해진다.
5. 성적이 좋을 때와 나쁠 때 아이를 대하는 부모의 태도가 확연히 다르다.

이 다섯 문항 중
두 개 이상이 '그렇다'라면
아이에게 공부는 **생활**이 아니라 **긴장 상태**입니다.
공부는 원래 특별한 일이 아닙니다.
밥을 먹고, 잠을 자듯
하루 일부로 흘러가야 합니다.
하지만 시험이라는 이벤트가 다가올 때마다
집안 전체가 흔들린다면,
아이의 뇌는 공부를 **위험 신호**로 인식합니다.

2. 성적이 부모의 감정을 결정하는 구조

1. 아이 성적에 따라 부모의 하루 기분이 달라진다.
2. 아이는 성적표를 보여주기 전부터 부모의 반응을 걱정한다.
3. "이번에는 왜 이 점수야?"라는 말이 자연스럽게 나온다.

4. 아이가 잘했을 때보다 못했을 때 대화가 더 길어진다.
5. 성적 이야기가 나오면 집안 분위기가 무거워진다.

이 환경에서 아이는 공부하지 않습니다.
눈치를 배웁니다.
공부는 문제를 해결하는 능력이어야 하는데,
이 구조에서는 부모의 감정을 관리하는 기술이 됩니다.

3. 무심코 반복되는 말이 아이의 한계를 만든다

1. "너는 왜 항상 이러니?"라는 표현을 사용한 적이 있다.
2. "그래서 되겠어?"라는 말을 습관처럼 한다.
3. "다 너 잘되라고 하는 말이야"라는 문장을 자주 쓴다.
4. 아이의 행동보다 결과를 먼저 묻는다.
5. 비교가 아이를 자극할 수 있다고 믿는다.

부모의 말은 아이에게 **평가**가 **아니라 정의**가 됩니다.
부모가 반복한 말은
아이 안에서 **자기소개 문장**으로 바뀝니다.
"나는 늘 부족한 아이"

"나는 기대를 못 채우는 아이"
이 정의가 굳어지면
공부 이전에 이미 패배한 상태가 됩니다.

4. 실패를 대하는 부모의 반응

1. 아이가 실수하면 먼저 감정이 나온다.
2. "왜 또 틀렸어?"라는 말이 자동으로 튀어나온다.
3. 실수를 분석하기보다 바로 고치려 한다.
4. 아이는 실수를 숨기려 한다.
5. 실패를 반복하면 아이보다 부모가 먼저 지친다.

실패는 공부 일부입니다.
하지만 실패 앞에서 **감정**이 **먼저 나오는 집**에서는
공부가 오래가지 못합니다.
아이는 실패를 학습하지 않고
회피합니다.

5. 부모의 개입이 기준이 없는 경우

1. 어떤 날은 엄격하고, 어떤 날은 방임한다.
2. 부모마다 공부 기준이 다르다.
3. 오늘 허용한 것을 내일은 금지한다.
4. 감정 상태에 따라 규칙이 바뀐다.
5. 아이는 "오늘은 어떤 분위기일까"를 먼저 살핀다.

공부에서 가장 무서운 것은
기준이 없는 개입입니다.
아이의 노력보다
부모의 변덕이 더 큰 변수라면
아이는 방향을 잃습니다.

6. 아이의 신호를 놓치고 있는 환경

1. 아이가 질문을 줄였다.
2. 틀린 문제를 다시 보지 않는다.
3. 성적 이야기를 회피한다.

4. 공부 이야기가 나오면 표정이 굳는다.
5. “몰라도 괜찮아”라는 말이 줄어들었다.

이 신호들은
아이의 게으름이 아닙니다.
이미 지쳤다는 신호입니다.

점수보다 중요한 해석

이 체크리스트의 목적은
“몇 점이냐”가 아닙니다.
V 가 많은 영역이
부모의 개입이 가장 과한 영역입니다.
그리고 바로 그 지점이
아이의 공부가 막히는 핵심 지점입니다.

캡틴의 총평

부모는 늘 이렇게 말합니다.

"우리 아이는 왜 이렇게 안 될까요?"

하지만 현장에서 보면,

아이보다 먼저 점검해야 할 것은

부모의 환경 설계 방식입니다.

아이의 성적은

아이 혼자 만든 결과가 아닙니다.

부모의 말, 표정, 기준, 반응이

수년간 쌓여 만들어진 결과입니다.

이 부록을 여기까지 읽으셨다면

이미 중요한 자격을 갖추신 분입니다.

아이를 바꾸려 하기 전에

부모의 선택을 돌아볼 용기입니다.

이제부터의 변화는

거창하지 않아도 됩니다.

말을 조금 줄이고,

반응을 조금 늦추고,

기준을 조금 더 단단히 세우는 것.

그것만으로도

아이의 공부는 다시 움직이기 시작합니다.

●●●●●

아이를 움직이게 하는 말의 구조와 질문의 기준

-잔소리를 줄이면 공백이 생기고, 그 공백에서 아이의 생각이 자랍니다

부모의 말은 생각보다 훨씬 강력합니다.
아이에게는 조언이 아니라 **환경**이 되고,
격려가 아니라 **기준**이 되며,
한두 번의 말이 아니라 **매일 반복되는 구조**로 남습니다.
현장에서 아이들의 성적 변화를 가장 먼저 예측하게 만드는 신호는
문제집도, 학습량도 아닙니다.
부모의 말이 바뀌었는가입니다.
부모의 말이 바뀌지 않으면
아무리 좋은 계획표도, 아무리 촘촘한 관리도
결국 같은 자리로 돌아옵니다.

반대로, 부모의 말 구조가 바뀌는 순간
아이의 태도는 생각보다 빠르게 움직이기 시작합니다.
이 부록은
"무슨 말을 해야 하나요?"라는 질문에 대한 답이 아닙니다.
그보다 더 중요한 질문,
"어떤 구조로 말하고 있는가?"에 대한 이야기입니다.

1. 말의 '내용'보다 '순서'가 아이를 움직입니다

많은 부모가 실수하는 지점은
말의 **내용**에만 집중한다는 점입니다.

"이 말은 맞는 말이잖아요."
"팩트잖아요."
"현실이잖아요."

하지만 아이를 움직이는 것은
말의 옳고 그름이 아니라, 말이 **전달되는 순서**입니다.
공부가 되는 집에는 공통된 말의 구조가 있습니다.

① 상태 확인

② 맥락 질문

③ 선택 제안

반대로 공부가 무너지는 집의 말 구조는 이렇습니다.

① 평가

② 지적

③ 지시

이 차이는 작아 보이지만

아이의 사고에 미치는 영향은 완전히 다릅니다.

▣ 예시로 보면 더 분명해집니다

시험 성적이 기대보다 낮았을 때,

X "왜 이 점수야?"

X "그래서 되겠어?"

X "내가 뭐라고 했어?"

이 구조는

아이에게 '문제 해결'이 아니라

자기방어를 요구합니다.

반대로,

O "이번 시험에서 제일 힘들었던 과목이 뭐였어?"

O "어디에서 가장 막혔던 것 같아?"

O "다음에는 어떤 방식으로 바꿔보는 게 좋을까?"

이 구조는

아이에게 **생각**할 **여지**를 남깁니다.

아이를 성장시키는 것은

정답을 알려주는 말이 아니라

생각을 꺼내게 만드는 말입니다.

2. 질문은 많을수록 좋지 않습니다

많은 부모가

"나는 질문을 많이 하는 편이에요"라고 말합니다.

하지만 현장에서 보면

질문이 많아서 문제가 되는 경우도 적지 않습니다.

질문은

개수보다 방향이 중요합니다.

질문이 많아질수록

아이는 점점 지칩니다.

특히 질문이 '추궁형'일 경우,

아이는 질문을 생각의 도구가 아니라

압박의 신호로 인식합니다.

▣ 피해야 할 질문의 유형

- "왜?"로 시작되는 연속 질문
- 이미 답을 정해놓은 질문
- 감정을 담은 질문
- 비교를 전제로 한 질문

이 질문들은
아이를 말하게 하는 것 같지만
실제로는 **입**을 **닫게 만듭니다.**

▣ 공부가 되는 질문의 기준

공부가 되는 질문에는
명확한 기준이 있습니다.

V 결과보다 과정
V 평가보다 탐색
V 지시보다 선택

이 기준을 통과하지 못한 질문은
아무리 부드러워 보여도
아이에게는 부담으로 남습니다.

3. 질문은 '답을 듣기 위해' 하는 것이 아닙니다

부모가 질문을 할 때
무의식적으로 기대하는 것이 있습니다.
"이 질문을 하면
아이가 이렇게 말해주면 좋겠다."
이 기대가 생기는 순간,
질문은 이미 **통제**가 됩니다.
아이를 성장시키는 질문은
답을 듣기 위한 질문이 아니라
사고를 움직이기 위한 질문입니다.
그래서 좋은 질문은
즉각적인 답을 끌어내지 못해도 괜찮습니다.
아이가 잠시 침묵해도 괜찮고,
"잘 모르겠어요"라고 말해도 괜찮습니다.
중요한 것은
아이가 **생각의 방향을 잡기 시작했는가**입니다.

4. 부모의 말이 줄어들수록
아이의 말이 늘어납니다

현장에서 분명히 확인되는 사실이 하나 있습니다.
부모의 말이 줄어들수록
아이의 설명은 길어집니다.
반대로,
부모의 말이 많아질수록
아이의 대답은 짧아집니다.

"몰라요."
"그냥요."
"괜찮아요."

이 말들은 무성의가 아니라
말할 공간이 없다는 신호입니다.
부모가 말을 멈추는 순간,
아이의 생각이 올라옵니다.

5. 말의 공백을 견딜 수 있는 부모만이 아이를 키웁니다

부모가 가장 힘들어하는 순간은
아이가 아무 말도 하지 않을 때입니다.
그 공백이 불안해서
부모는 다시 말을 채웁니다.
하지만 바로 그 공백이
아이에게는 생각이 자라는 시간입니다.
공부가 되는 집의 부모는
이 공백을 견딜 줄 압니다.
지금 당장 결과가 나오지 않아도,
아이가 스스로 생각하는 시간을
침해하지 않습니다.
이 태도는
아이에게 아주 강력한 메시지를 줍니다.
"너는 생각할 수 있는 사람이다."
"너의 판단을 존중한다."
이 메시지를 받은 아이는
공부 앞에서 도망치지 않습니다.

캡틴의 정리

공부는

말로 시키는 것이 아닙니다.

말의 구조로 길러지는 것입니다.

부모가 오늘부터 바꿔야 할 것은

아이의 계획표가 아니라

아이에게 말을 거는 방식입니다.

말을 줄이십시오.

대신 질문의 기준을 높이십시오.

그 변화가 쌓이면

어느 순간 부모는 깨닫게 됩니다.

"요즘은

굳이 말하지 않아도

아이가 스스로 하고 있네."

그 순간이 바로

공부가 부모의 싸움에서

아이의 싸움으로 넘어간 지점입니다.

부모의 개입 기준표

-언제 개입해야 하고,
언제 물러나야 하는가

부모가 가장 자주 하는 질문이 있습니다.
"그럼 도대체 언제까지 기다려야 하나요?"
"이건 그냥 두면 안 되는 상황 아닌가요?"
이 질문에는 불안이 담겨 있습니다.
그리고 그 불안은 대부분 **기준이 없기 때문에 생깁니다**.
부모가 아이의 공부에 개입하면서 가장 힘들어하는 이유는
아이 때문이 아니라,
개입의 기준이 매번 흔들리기 때문입니다.
어떤 날은 참고,
어떤 날은 폭발하고,

어떤 날은 방임했다가
어떤 날은 과도하게 개입합니다.
이렇게 기준이 흔들리는 환경에서
아이는 공부보다 먼저
부모의 상태를 읽는 법을 배웁니다.

1. 개입이 필요한 상황과 기다려야 할 상황은 다릅니다

많은 부모가
"개입을 줄이라"는 말을
"아무것도 하지 말라"로 오해합니다.
아닙니다.
공부 잘하는 아이의 부모는
개입을 안 하는 사람이 아니라,
개입할 순간을 정확히 고르는 사람입니다.

▣ 반드시 개입해야 하는 상황

다음과 같은 신호가 반복된다면

부모의 개입은 **필수**입니다.

- 아이가 공부를 회피하는 이유를 설명하지 못할 때
- 틀린 문제를 다시 보지 않고 넘어갈 때
- 질문 자체를 하지 않으려 할 때
- 성적 이야기를 극도로 회피할 때
- "상관없어", "몰라도 돼"라는 말이 늘어날 때

이때의 개입은

관리나 통제가 아니라

구조를 다시 세워주는 개입이어야 합니다.

▣ 이때 부모가 해야 할 개입의 방향

X "왜 안 하니?"

X "정신 차려야지"

X "이렇게 해서 되겠어?"

O "어디서부터 막힌 것 같아?"

O "지금 제일 부담되는 게 뭐야?"

O "이걸 혼자 하기엔 너무 무거운 걸까?"

개입의 목적은
아이를 움직이게 하는 것이 아니라
아이의 부담을 정확히 드러내는 것입니다.

2. 기다려야 하는 상황에서 개입하면 공부는 무너집니다

반대로,
부모가 반드시 **물러나야 할 순간**도 있습니다.
아이가 스스로 계획을 세우고 있고,
비록 느리더라도 실행하고 있으며,
실수 후 다시 시도하려는 움직임이 보일 때입니다.
이때 부모가 참지 못하고 개입하면
아이는 이렇게 배웁니다.
"내가 해도 결국 부모가 바꾼다."
"내 선택은 믿을 수 없다."
이 순간부터
공부의 주도권은 다시 부모에게 돌아오고,
아이는 책임을 내려놓습니다.

3. 부모의 개입은 '빈도'보다 '일관성'입니다

부모가 매일 개입한다고 해서
문제가 되는 것이 아닙니다.
문제는
개입의 기준이 매번 달라질 때입니다.
어제는 괜찮다던 그것을
오늘은 문제 삼고,
오늘 허용한 것을
내일은 금지합니다.
이 환경에서 아이는
노력보다 운을 믿게 됩니다.

"오늘은 분위기가 괜찮네."
"오늘은 피해야겠다."

공부는 노력의 게임이어야 하는데,
이 구조에서는 눈치의 게임이 됩니다.

4. 개입 기준은 '성적'이 아니라 '상태'입니다

부모가 가장 많이 흔들리는 지점은
성적입니다.
점수가 떨어지면 개입하고,
오르면 물러납니다.
하지만 현장에서 보면
이 방식은 오래가지 않습니다.
공부가 되는 집의 부모는
성적이 아니라 **아이**의 **상태**를 봅니다.

- 집중이 유지되고 있는가
- 회피가 줄어들고 있는가
- 질문이 살아 있는가
- 실수 후 다시 시도하는가

이 네 가지가 유지된다면
성적이 잠시 흔들려도
개입을 서두르지 않습니다.

5. 부모의 기준이 아이의 기준이 됩니다

아이는 부모의 말을 듣지 않습니다.

부모의 **기준**을 **흡수**합니다.

부모가

"결과가 전부"라는 기준으로 움직이면

아이는 실패를 숨깁니다.

부모가

"과정이 중요하다"라는 기준을 유지하면

아이는 실수를 설명합니다.

아이의 태도는

훈련이 아니라

환경의 복제입니다.

● ● ● ● ●

캡틴의 결론

부모의 개입은
많을수록 좋은 것이 아닙니다.
적을수록 좋은 것도 아닙니다.
정확할수록 강력합니다.
개입의 기준이 세워지면
부모의 불안은 줄어들고,
아이의 선택은 길어집니다.
그리고 바로 그 지점에서
공부는 다시 앞으로 움직이기 시작합니다.

하루를 무너뜨리지 않는
부모의 관리 기준

-시작과 마무리, 그 사이에서 부모가 건드려야 할 것과 건드리지 말아야 할 것

아이의 공부는
한 번의 결심으로 바뀌지 않습니다.
공부가 되는 아이들은
특별한 하루를 사는 것이 아니라,
무너지지 않는 하루를 반복합니다.
그리고 그 하루를 무너지지 않게 만드는 힘은
아이의 의지보다
부모의 **관리 기준**에서 나옵니다.
많은 부모가
"우리 아이는 작심삼일이에요"라고 말합니다.

하지만 현장에서 보면
아이의 결심이 짧은 경우보다
부모의 개입이 하루를 쪼개버리는 경우가 훨씬 많습니다.
아이는 시작하려 했고,
아이는 이어가려 했으며,
아이는 마무리하려 했습니다.
다만 그 사이사이에
부모의 말과 반응이
하루의 리듬을 끊어놓았을 뿐입니다.

1. 하루의 시작을 건드리면, 하루 전체가 흔들립니다

공부가 되는 집과
공부가 무너지는 집의 가장 큰 차이는
아침입니다.
아침은 계획의 시간이 아니라
기준의 시간입니다.
공부가 되는 집의 아침에는
공통된 특징이 있습니다.
부모가 아이의 하루를

미리 평가하지 않습니다.

X "오늘도 늦잠이야?"

X "이렇게 해서 하루가 되겠어?"

X "시작부터 이러면 뻔하지"

이 말들은

아이의 하루를 시작하기도 전에

이미 실패로 규정합니다.

▣ 아침에 부모가 해야 할 단 한 가지

아이의 상태를 묻는 것입니다.

"오늘 컨디션은 어때?"

"제일 부담되는 일정이 뭐야?"

이 질문은

아이에게 메시지를 줍니다.

"하루를 함께 설계할 수 있다."

"지금 상태가 존중받고 있다."

이 메시지를 받은 아이는

하루를 도망치지 않습니다.

2. 공부 시간보다 더 중요한 '공부 전'의 분위기

부모는 흔히
"몇 시부터 공부할 거야?"에 집착합니다.
하지만 실제로 아이의 공부를 좌우하는 것은
공부 시간 자체보다
공부 직전의 감정 상태입니다.
공부 전 10분 동안
집안이 소란스럽고,
말이 많고,
감정이 오가면
아이의 집중력은 이미 소진됩니다.
공부가 되는 집의 부모는
공부 전에는 말을 줄입니다.
이 침묵은 방임이 아니라
집중을 위한 배려입니다.

3. 공부 중 부모의 개입은 '빈도'보다 '위치'입니다

아이들이 가장 힘들어하는 것은
부모의 잦은 확인입니다.
"지금 뭐 하고 있어?"
"어디까지 했어?"
"집중하고 있는 거 맞아?"
이 말들은
관리처럼 보이지만
아이에게는 **중단 신호**입니다.
부모의 개입은
공부 중간이 아니라
공부 전과 공부 후에 있어야 합니다.
공부 중에는
아이에게 공간을 주십시오.
그 공간에서
아이의 사고가 깊어집니다.

4. 공부 후의 말 한마디가 다음 날을 결정합니다

많은 부모가
공부가 끝난 뒤에 실수합니다.
"그래서 오늘은 뭐가 남았어?"
"이 정도 해서 되겠어?"
"내일은 더 해야지?"
이 말은
오늘의 노력을 무효로 합니다.
공부가 되는 집의 부모는
공부 후에 결과를 묻지 않습니다.
과정을 묻습니다.
"오늘 제일 어려웠던 건 뭐였어?"
"그래도 끝까지 한 건 뭐야?"
이 질문은
아이에게 성취감을 남깁니다.
성취감이 남은 하루는
다음 날 다시 이어집니다.

5. 하루의 마무리는 '반성'이 아니라 '정리'입니다

하루를 마무리하며
부모가 가장 많이 하는 실수는
반성을 요구하는 것입니다.
"오늘 왜 이렇게 했어?"
"내일은 좀 달라져야지."
이 말은
하루를 **미완의 실패**로 남깁니다.
공부가 되는 집의 마무리는
정리입니다.
"오늘은 여기까지였구나."
"이 정도면 충분하다."
이 한 문장이
아이의 하루를 완성합니다.
완성된 하루만이
다시 시작될 수 있습니다.

6. 부모의 하루 기준이 아이의 공부 기준이 됩니다

아이에게 하루는
24시간이 아닙니다.
부모의 반응으로 나뉜
여러 조각의 시간입니다.
부모가 기준 없이 반응하면
아이는 기준 없이 공부합니다.
부모가 일정한 기준을 유지하면
아이는 그 기준을 내면화합니다.
이 내면화된 기준이
공부 습관이 됩니다.

캡틴의 정리

공부는

특별한 하루에서 나오지 않습니다.

무너지지 않는 하루의 반복에서 나옵니다.

부모가 오늘부터 바꿔야 할 것은

아이의 계획표가 아니라

하루를 대하는 태도입니다.

시작을 평가하지 말고,

중간을 방해하지 말고,

마무리를 부정하지 마십시오.

그것만으로도

아이의 공부는

다시 이어지기 시작합니다.

부모가 반드시 멈춰야 할
금지 행동 리스트

-의도는 선하지만, 아이의 공부를
가장 빠르게 무너뜨리는 선택들

부모는 대부분 선한 의도로 움직입니다.
아이를 위해서, 미래를 위해서, 지금 고생하지 않게 하려고
말을 하고, 개입하고, 방향을 잡아주려 합니다.
하지만 현장에서 아이들을 오래 지켜보면
가장 뼈아픈 진실 하나를 마주하게 됩니다.
아이의 공부를 망가뜨리는 행동 대부분은
부모의 '악의'가 아니라 '선의'에서 시작되었다는 사실입니다.
이 부록은
부모를 비난하기 위한 목록이 아닙니다.
지금까지 너무 자연스럽게 해왔기 때문에

문제라고 인식조차 하지 못했던 행동들을
의식 위로 끌어올리기 위한 경고문입니다.

1. 비교를 통해 동기를 만들 수 있다는 착각

비교는
가장 빠르게 아이를 움직이게 만드는 도구처럼 보입니다.
"누구는 벌써 여기까지 했대."
"같은 반 누구는 이번에 몇 점이래."
"너만 왜 이 모양이야."
이 말들은
짧은 시간 동안 아이를 흔들 수는 있습니다.
하지만 그 흔들림은
공부를 향한 움직임이 아니라
자기 가치에 대한 흔들림입니다.
비교를 자주 경험한 아이는
노력하지 않는 것이 아니라
도전하지 않게 됩니다.
왜냐하면 비교의 끝에는
늘 자신보다 앞선 누군가가 있기 때문입니다.

2. 성적이 떨어질수록 관리 강도를 높이는 행동

많은 부모가 이렇게 말합니다.

"요즘 성적이 떨어져서 더 신경 쓰고 있어요."

하지만 성적이 떨어진 아이에게
관리 강도를 높이는 것은
마치 이미 무너진 다리에
더 무거운 짐을 얹는 것과 같습니다.
성적이 떨어질 때 필요한 것은
통제가 아니라 **재정비**입니다.
관리부터 들어가는 순간
아이는 이렇게 받아들입니다.

"나는 혼자서는 안 되는 존재다."

"부모가 없으면 아무것도 못 한다."

이 인식은
공부의 자립을 완전히 차단합니다.

3. 계획을 자주 바꾸는 부모의 개입

오늘은 이렇게 하자고 했다가
내일은 저렇게 바꾸고,
조금만 결과가 안 나오면
다시 새로운 방법을 찾습니다.
이 행동의 문제는
방법이 틀렸다는 데 있지 않습니다.
기준이 없다는 점에 있습니다.
아이에게 계획은
실행의 도구가 아니라
신뢰의 상징입니다.
계획이 자주 바뀌는 집에서는
아이의 노력도 오래가지 못합니다.

4. 부모의 불안을 아이의 일정으로 덮는 행동

부모가 불안할수록
아이의 일정은 촘촘해집니다.

학원 하나 더,

과제 하나 더,

관리 하나 더.

하지만 이 방식은

아이의 실력을 키우지 않습니다.

부모의 불안을 잠시 덮을 뿐입니다.

불안은

아이의 일정이 아니라

부모의 기준으로 다뤄야 합니다.

5. 결과가 나올 때까지 기다리지 못하는 조급함

공부는

항상 결과보다 늦게 반응합니다.

하지만 많은 부모가

"이렇게 해봤는데도 안 되잖아요"라고 말합니다.

문제는

'얼마나' 해봤느냐입니다.

일주일,

한 달,

한 학기.
이 정도의 시간은
공부의 구조를 바꾸기에
충분하지 않습니다.
조급함은
아이에게 이렇게 각인됩니다.
"조금만 안 되면
부모는 방향을 바꾼다."
이 신호를 받은 아이는
버티지 않습니다.

6. 아이의 말보다 부모의 해석을 먼저 믿는 태도

아이가 말합니다.
"이 부분이 너무 어려워요."
"이 과목이 제일 힘들어요."
그때 부모가 이렇게 반응합니다.
"그건 다 그런 거야."
"그 정도는 참아야지."
이 반응은

아이의 감정을 무시하는 것이 아니라

아이의 경험을 부정하는 것입니다.

아이의 말이 사라지는 순간,

공부는 혼자만의 싸움이 됩니다.

7. 공부를 인생 전체와 연결하는 말

"이렇게 해서 대학 가겠니?"

"지금 안 하면 인생 망한다."

이 말들은

아이에게 동기를 주지 않습니다.

공포를 줍니다.

공포는

잠깐의 움직임을 만들 수는 있어도

지속을 만들지는 못합니다.

지속은

안정에서만 나옵니다.

캡틴의 정리

부모가 아이의 공부를 돕기 위해
무언가를 더 하려고 하기 전에
먼저 해야 할 일이 있습니다.
하지 말아야 할 것을 멈추는 것입니다.
아이의 공부는
무언가를 더 얹어서 좋아지는 경우보다
잘못 얹힌 것을 내려놓았을 때
회복되는 경우가 훨씬 많습니다.
오늘 이 부록을 통해
단 하나만 기억하셔도 충분합니다.

부모의 선의가
항상 아이의 성장으로 이어지지는 않는다.

그래서 부모의 역할은

늘 자신을 점검하는 데서 시작됩니다.

끝까지 가는 아이를 만드는 부모의 단 하나의 기준

-결국 아이를 남기는 것은 성적이 아니라, 버티는 힘입니다

부모는 늘 같은 질문으로 돌아옵니다.

"우리 아이, 끝까지 갈 수 있을까요?"

"중간에 무너지지는 않을까요?"

이 질문에는
성적보다 더 깊은 불안이 담겨 있습니다.
부모는 이미 알고 있기 때문입니다.
공부는 잘하다가도 무너질 수 있고,
성적은 오르다가도 내려올 수 있으며,
의욕은 언제든 사라질 수 있다는 사실을 말입니다.

그래서 부모는 묻습니다.

"도대체 무엇이 아이를 끝까지 가게 만드나요?"

1. 끝까지 가는 아이는 '잘하는 아이'가 아닙니다

현장에서 수많은 아이를 보며

제가 가장 먼저 버린 환상은 이것이었습니다.

끝까지 가는 아이 = 처음부터 잘하는 아이

이 공식은 거의 맞지 않습니다.

오히려 반대입니다.

끝까지 가는 아이들은

초반에 흔들렸고,

중간에 실수했고,

여러 번 좌절했습니다.

하지만 한 가지는 무너지지 않았습니다.

자기 자신에 대한 신뢰입니다.

이 신뢰는

아이 혼자서 만들어내지 않습니다.

부모가 오랜 시간에 걸쳐

조용히 심어준 결과입니다.

2. 부모가 아이에게 주는 가장 큰 선물은 '기준'입니다

부모는 아이에게
사랑을 주고 싶어 하고,
기회를 주고 싶어 하며,
가능하면 모든 걸 해주고 싶어 합니다.
하지만 아이를 끝까지 가게 만드는 것은
사랑의 양도, 지원의 규모도 아닙니다.

부모의 기준입니다.

- 이 정도면 충분하다는 기준
- 실패해도 괜찮다는 기준
- 다시 시도해도 된다는 기준

이 기준이 있는 아이는
한 번의 실패로 자신을 포기하지 않습니다.

3. 아이가 흔들릴 때, 부모가 먼저 흔들리지 않는 것

아이의 공부는
항상 직선으로 가지 않습니다.

올랐다가 내려오고,
잘하다가 멈추고,
갑자기 무너지는 것처럼 보일 때도 있습니다.
이때 아이보다 더 흔들리는 존재가
부모입니다.

"이렇게 해도 안 되면 어떡하지?"
"지금 이 선택이 맞는 걸까?"

부모의 이 흔들림은
말하지 않아도 아이에게 전달됩니다.
공부가 되는 집의 부모는
아이보다 먼저 중심을 잡습니다.
아이의 성적이 아니라
아이의 **방향**을 봅니다.

4. 끝까지 가는 아이의 부모는 '기다림'을 선택합니다

기다림은
아무것도 하지 않는 것이 아닙니다.
기다림은
아이를 믿는 선택이고,

기다림은
부모의 불안을 관리하는 태도이며,
기다림은
아이에게 시간을 허락하는 용기입니다.
부모가 이 기다림을 견뎌낼 때
아이는 이렇게 배웁니다.
"나는 충분히 시도해볼 수 있는 사람이다."
"조금 늦어도 괜찮다."
이 메시지를 받은 아이는
쉽게 포기하지 않습니다.

5. 아이는 부모의 '말'이 아니라 '태도'를 따라갑니다

부모가 아무리 좋은 말을 해도
태도가 다르면
아이에게는 말이 남지 않습니다.
"괜찮아"라고 말하면서
표정은 불안하고,
"믿는다"라고 말하면서
행동은 통제라면

아이는 태도를 배웁니다.
아이에게 남는 것은
부모가 위기 앞에서
어떤 선택을 했는가입니다.

6. 끝까지 가는 아이는 혼자 크지 않습니다

공부는
아이 혼자 견디는 싸움이 아닙니다.
부모가
아이의 뒤에서
흔들리지 않는 기준으로
자리를 지켜줬기 때문에
아이도 끝까지 갈 수 있었던 것입니다.
부모는 아이를 끌고 가는 사람이 아니라,
아이 옆에서
같은 방향을 바라봐 주는 사람입니다.

● ● ● ● ●

캡틴의
마지막 메세지

이 책을 여기까지 읽으신 부모님께
단 하나의 문장만 남기고 싶습니다.
아이를 바꾸려 애쓰지 마십시오.
부모의 기준을 먼저 세우십시오.
아이의 공부는
부모의 선택 위에서 다시 설계될 수 있습니다.
지금까지의 실패도,
지금의 불안도,
앞으로의 시행착오도
모두 아이를 키우는 과정 일부입니다.
부모가 그 사실을 받아들이는 순간,
아이의 공부는 다시 움직이기 시작합니다.

공부 잘하는 아이는

타고나는 것이 아니라,

부모의 선택 속에서 만들어집니다.

그리고 그 선택은

지금, 이 순간부터도 충분히 바뀔 수 있습니다.

캡틴 허진혁

위너스영수학원 원장

WPA 주식회사 대표이사